FACULTÉ DE DROIT DE PARIS

DROIT ROMAIN

DE COLLEGIIS ET CORPORIBUS

DROIT FRANÇAIS

DONS ET LEGS AUX ETABLISSEMENTS PUBLICS

THÈSE POUR LE DOCTORAT

A. PINEL

PARIS

IMPRIMERIE DE W. REMQUET ET Cie

1854

FACULTÉ DE DROIT DE PARIS.

THÈSE
POUR LE DOCTORAT

L'acte public sur les matières ci-après sera soutenu
le mercredi 23 mai 1860, à 1 heure,

PAR

Auguste-Désiré PINEL,

Né à Boulogne (Seine).

Président : M. COLMET-DAAGE, Professeur.

Suffragants :
MM. BUGNET,
PELLAT,
BONNIER, — Professeurs.
VERNET, — Agrégé.

Le Candidat répondra en outre aux questions qui lui seront faites
sur les autres matières de l'enseignement.

PARIS

IMPRIMERIE DE W. REMQUET ET Cⁱᵉ,

Rue Garancière, 5.

1860

A LA MÉMOIRE DE MA MÈRE

—

A MON PÈRE

—

A MONSIEUR MARC, MON BEAU-PÈRE

DROIT ROMAIN.

DE COLLEGIIS ET CORPORIBUS

(Livro v, titro 22 au Digeste.)

QUOD CUJUSCUNQUE UNIVERSITATIS NOMINE VEL CONTRA EAM AGATUR

(L. III, tit. 4.)

PRÉLIMINAIRES.

Ce ne sont pas seulement les hommes considérés
comme individus qui peuvent être les sujets actifs
ou passifs des droits. Si nous voyons dans l'État
et dans le corps plus restreint de la cité se mouvoir les citoyens, qui jouissent de tous les droits
de propriété de créance, et qui exercent les
actions qui en découlent ou sont soumis eux-
mêmes à l'exercice de ces droits, la raison humaine et l'utilité sociale ont aussi fait de l'État,

1

de la cité et de certaines corporations ou associations, des êtres de raison également capables de la plupart des droits.

Nous disons de la plupart des droits, parce que l'assimilation aux personnes physiques des personnes morales ou juridiques ne pouvant porter que sur les rapports concernant les biens, tout ce qui touche aux droits des personnes et par exemple aux droits de famille, est évidemment inapplicable à des êtres de raison (1).

A côté de l'homme, personne physique, il existe donc des êtres de fiction, des personnes métaphysiques qu'on est convenu d'appeler, dans le langage du droit, des *personnes juridiques*.

La loi seule, par sa puissance d'abstraction, a pu créer ces personnes, dont nous allons nous occuper au point de vue de leurs fins juridiques.

C'est ainsi et à ce point de vue seulement que nous nous occuperons de l'État, des cités ou municipes, et particulièrement des colléges et corporations.

Les Romains n'ont pas de terme générique pour désigner les personnes juridiques en général. Ils se servent de la périphrase *vice personæ fungitur*,

(1) *Encyclopédie juridique* de Falck, traduction de M. Pellat, p.57.

qu'ils adaptent à l'hérédité jacente, aux municipes, aux décuries, aux sociétés.

Cependant un terme que l'on trouve dans les textes et qui comprend toutes les corporations sans distinction, est celui d'*universitas* opposé à *singularis persona* qui désigne la personne physique ou l'individu pris isolément. *Collegium* et *corpus* sont pris à peu près indifféremment l'un pour l'autre.

Toutefois, on pourrait dire que *corpus* paraît être plutôt employé que *collegium* pour désigner une corporation véritable formant une personne juridique ; *collegium* désignant des corps ou compagnies, n'ayant pas ce caractère, comme le collége des juges, le collége des duumvirs. Aussi le mot *corpus* paraît-il être l'expression consacrée pour désigner une réunion *licite* qui seule peut former une personne juridique. Certains jurisconsultes disent volontiers, en parlant des réunions non autorisées par une loi ou un sénatus-consulte, *collegia illicita,* et il semble qu'ils ne voudraient pas dire *corpora illicita,* comme si ces deux mots répugnaient l'un à l'autre.

Les membres d'une *universitas,* considérés d'une manière absolue, sont appelés *collegiati* et *corporati,* ou bien encore *socii, decuriati* ou *decuriales.*

Les membres d'une corporation, dans un sens

relatif et considérés les uns par rapport aux autres, sont dénommés *collegæ* ou *sodales.*

Le caractère essentiel de la personne juridique est la capacité de posséder. Elle se fait représenter dans les actes de la vie civile, comme dans l'exercice des droits qu'elle peut avoir ou que les tiers peuvent avoir contre elle.

Ainsi, la personnalité juridique attachée à une corporation lui permettra d'être créancière, débitrice, propriétaire, et de faire valoir ses droits en justice comme un particulier. Mais pour tous ces actes, elle aura besoin d'un intermédiaire ou d'un représentant, sa nature abstraite étant un obstacle absolu à ce qu'elle agisse par elle-même.

PREMIÈRE PARTIE.

———◦◇◦———

CHAPITRE I.

ÉNUMÉRATION ET CLASSIFICATION DES PERSONNES JURIDIQUES.

———

SECTION I.

Énumération détaillée des personnes juridiques.

Avant de voir comment se constituent les personnes juridiques et de rechercher les droits dont elles sont capables, nous devons procéder à une énumération aussi complète que possible de ces personnes, en commençant par l'une des plus importantes, qui est l'État ou le fisc.

1° *Le fisc.* — Le fisc était à l'origine le trésor du peuple ou de la république, et portait le nom d'*ærarium*. Sous les empereurs et lors du partage des provinces entre César et le Sénat qui représentait le peuple, il y eut l'*ærarium*, trésor du peuple, et le *fiscus*, trésor du prince, qui finit par absorber l'*ærarium* en devenant le trésor de l'État.

C'est sous le règne d'Adrien que l'on pense que cette fusion s'est faite, mais, même depuis cet empereur, il est des textes dans lesquels le trésor unique du Sénat et du prince porte indifféremment le nom de *fiscus* et d'*ærarium* (1).

Il est certain que le fisc est une personne juridique. Il acquiert, comme les particuliers, par succession, par le droit de confiscation et l'attribution qui lui est faite des biens vacants ; par la perception des impôts qui rentrent dans une caisse commune, du moins dans le dernier état du droit.

A cette personnalité se rattachent de nombreux priviléges qui la consacrent encore.

Nous verrons que la personne juridique ne peut agir par elle-même, mais qu'elle agit par un représentant.

Le fisc est précisément dans ce cas, et tandis qu'un particulier ne pourrait faire adition d'hérédité par procureur, le fisc recueillera les hérédités qui lui échoient, par procureur ou par l'intermédiaire d'un esclave, par voie de crétion ou en s'immisçant dans les biens de la personne dont César est l'héritier institué (2).

La loi seule, avons-nous dit, peut créer une personne juridique. Ceci est vrai absolument des colléges et corporations, comme nous le verrons bientôt ; mais le fisc n'est pas une corporation. Le

(1) L. XX, § 6, *De petit. hered.* — L. XIII, pr., *De jure fisci*, liv. xlix, tit. 14.

(2) L. I, § 2, *De offic. proc.*

fisc, c'est l'État, et l'État *est de plein droit* une personne juridique (1). On ne comprendrait pas d'ailleurs que la puissance publique qui doit sanctionner l'existence de certaines personnes juridiques au sein de l'État, eût à sanctionner celle du fisc qui n'est qu'une partie de l'État.

2° *Cités, municipes, colonies.* — Quand l'État s'est augmenté, l'idée de personnalité juridique s'est étendue aux cités, aux municipes et aux colonies qui ont pu acquérir et exercer tous les actes de la vie civile, conformément à leur nature.

Toutefois, ce n'est pas Rome qui, par ses conquêtes, a apporté aux cités ou aux municipes la personnalité juridique comme une idée nouvelle pour eux. Elle a dû la trouver dans les idées et les mœurs des villes qu'elle soumettait, et n'a sans doute fait que la perfectionner en donnant aux municipes son propre système comme modèle. C'est en partant de cette idée qu'un historien nous dit qu'en cessant d'être une personne politique indépendante, le municipe est *demeuré* personne civile (2).

Le municipe a ses édifices publics d'utilité ou d'agrément, ses biens, ses revenus, ses dépenses, et des magistrats nommés par les habitants administrent ses affaires. C'est une collection d'indivi-

(1) Zachariæ, t. 1, Droit civil français.
(2) Guizot, *Du régime municipal dans l'empire romain*, p. 7.

dus formant une personne morale et exerçant ses droits au même titre qu'un particulier, une *universitas* selon le sens que nous avons donné à ce mot. La cité ou le municipe est une des *universitates* dont s'occupent le plus souvent les textes du digeste (1).

Les *coloniæ* dont l'organisation politique était semblable à celle de Rome, avaient aussi la capacité juridique; du moins elle nous apparaît en ce qui touche la faculté pour les *coloniæ* d'acquérir par legs. Nous trouvons en effet dans les Commentaires de Gaïus un texte que nous étudierons en détail et qui suppose ce mode d'acquisition. Il résulte de ce texte que ce ne sont pas les décurions ni les habitants de la colonie qui acquièrent le legs, mais l'*universitas* elle-même, la *colonia*, *proinde ac si uni legatus esset* (2).

3° *Decuriæ* ou *decuriones*. — Ce sont encore là des personnnes juridiques. Le terme de décurions a dans les textes une signification complexe.

Il désigne: 1° les membres de la curie ou sénat municipal, chargé des intérêts de la ville, par opposition au municipe ou à la ville elle-même; et dans ce sens restreint il n'exprime pas l'idée de personne juridique.

Dans un second sens, *decuriones* est pris comme

(1) L. II, III, VI, VII, *Quod cujusc. univ.*
(2) Gaïus, C. ii, § 195.

synonyme de la ville elle-même ou du municipe, et désigne alors vraiment la personne juridique.

Enfin le même terme signifie aussi une corporation particulière au sein de la ville, et revêt encore, dans ce dernier sens, l'idée de personnalité civile, attachée à une *universitas*.

4° *Vici.*— Les villages ou bourgs sont, au même titre que les *civitates*, des personnes civiles depuis Marc-Aurèle; du moins ils ont la faculté d'acquérir par legs qui leur est reconnu par Gaius (1) et la capacité de plaider (2). Peut-être même avant Marc-Aurèle les *vici* pouvaient-ils acquérir et posséder des biens en propre, ce qui constitue essentiellement la personne juridique. On ne pourrait guère concevoir en effet qu'avant Marc-Aurèle ce fussent les *civitates* qui possédassent et administrassent des biens et revenus pour le compte des *vici,* les *civitates* ayant assez de leur propre administration et de leurs charges onéreuses; une pareille délégation de pouvoir d'une commune à l'autre, annonçant d'ailleurs une centralisation administrative qui n'était pas dans les idées romaines et dont la métropole ne donnait pas l'exemple, en s'abstenant de toute participation administrative aux affaires des municipes.

On a cru pouvoir contester la personnalité ju-

(1) L. LXXIII, § 1, *De legatis,* 1°.
(2) L. II, § 5, au Code, *De jurej. proph. calumn.*

ridique des *vici* en se fondant sur une loi qui n'a pas trait à la question. La loi 30 *ad municipalem*, en disant que celui qui naît dans un *vicus* n'en a pas moins pour patrie la cité de laquelle dépend ce *vicus*, ne fait que décider une question d'origine et de domicile pour l'habitant du bourg ou du village, et il n'en résulte pas que le *vicus* ne soit pas une personne juridique, pas plus que la circonstance que l'habitant d'un municipe avait Rome pour patrie, n'empêchait la personnalité juridique du municipe.

5° *Fora, Conciliabula, Castella.* — L'existence de ces centres secondaires de population est assez obscure dans l'histoire du droit romain. C'étaient des groupes d'habitations et d'habitants répandus sur le territoire voisin des villes et moins importants encore que les *vici*.

La table d'Héraclée parle de ces petits centres en même temps que des *municipia* et des *coloniæ* et semble leur donner les mêmes attributs. La loi de la Gaule Cisalpine en fait également mention, ainsi que le jurisconsulte Paul (1).

Sans rechercher si, au point de vue politique, ils avaient une organisation propre, un sénat, des magistrats comme les *civitates*, nous pensons, à raison des idées exposées plus haut, que l'administration et la personnalité civile des centres les plus

(1) *Sentences* de Paul, liv. IV, tit. 6, § 2.

importants, devaient être distinctes du municipe dont ils étaient plus ou moins éloignés.

L'expression *respublica*, par laquelle on a d'abord désigné l'État, a été étendue ensuite aux cités, aux bourgs, etc., indistinctement; toutefois, le plus souvent elle est appliquée aux municipes. Elle ne qualifie donc pas une personne juridique à part. Elle signifie plutôt des intérêts communs, et doit être prise dans une acception très-large (1).

6° *Associations volontaires.* — Outre les centres de population, dont le hasard, la politique ou la conquête avaient réuni les éléments, nous trouvons des associations qui se forment librement, et qui ont pour objet des intérêts de nature diverse.

§ 1. Nous avons des associations de fonctionnaires, des associations religieuses comme les collèges des prêtres et le collège des Vestales.

Les associations de fonctionnaires les plus remarquables sont les collèges des *scribes*, qui remplissaient auprès des particuliers les mêmes fonctions que nos notaires actuels. Leurs corporations sont appelées *decuriæ* et leurs membres *decuriati*.

A une certaine époque, elles sont interdites comme apportant du trouble et du désordre dans l'État par leurs réunions turbulentes.

_____

(1) M. de Savigny dit que *respublica* désignait à l'origine une ville libre, et, sous les jurisconsultes, une ville dépendante; mais il ne se place qu'au point de vue politique.

Quant aux colléges des prêtres, à l'origine ils n'ont pas de personnalité juridique et n'ont aucun besoin d'en avoir une, par cette raison que le culte est à la charge de l'État et que l'État suffit à toutes ses nécessités. Plus tard ces colléges doivent pourvoir à leur existence et à leurs besoins ; dès lors il devient essentiel de leur conférer la capacité de posséder.

§ 2. Les *corporations d'artisans* sont nombreuses chez les Romains.

Les forgerons (1), les boulangers (2), les bateliers (3) forment autant de corps de métiers qui, dans les grandes villes, ont chacun une organisation à part et des intérêts particuliers. Dans les petites villes, plusieurs corps de métiers se réunissent pour ne former qu'une seule corporation.

Cette division des artisans en corps de métiers remonte, pour la ville de Rome, à Numa Pompilius (4).

Ces corporations ont leurs priviléges, leur patrimoine et leurs représentants, moyennant qu'ils aient obtenu la sanction de la puissance publique.

Dans le tableau que Tite-Live nous donne des centuries, il y a deux centuries d'ouvriers jointes aux quatre-vingt-dix-huit centuries de la première

(1) L., XVII, § 2, *De excusat.*
(2) L. 1, pr., *Quod cujusc. univ.*
(3) *Id.*
(4) Plutarque, *Vie de Numa.*

classe, et il y a trois centuries de musiciens faisant partie de la cinquième classe (1).

Il est très-probable que ces ouvriers et musiciens formaient des corporations distinctes, Numa ayant déjà distribué en corps de métiers la population des artisans de Rome, afin d'effacer les rivalités des habitants d'origine différente.

§ 3. Il y a aussi des *associations amicales* ou fraternelles, dont les liens sont formés par l'amitié et par le besoin que les hommes éprouvent de se rapprocher et de s'unir pour se porter secours et s'entr'aider mutuellement.

On appelle ces associations *sodalitates, sodalitia, collegia sodalitia*, et le nom de leurs membres est *sodales,* terme qui est étendu dans la suite aux membres de toute espèce de corporations.

C'est sous la questure de Caton l'Ancien que se sont formées les *sodalitates,* ayant pour but de se réunir à table et de s'entretenir en commun (2). Il est probable que ces associations n'ont pas formé dès l'origine des personnes juridiques, car on n'aperçoit pas quel aurait été l'objet de cette personnalité.

Nous rangeons parmi ces associations, ayant un caractère fraternel, les *collegia tenuiorum,* composés de personnes de la classe inférieure, qui, se

(1) M. Ortolan, *Histoire de la législation romaine.*
(2) Cicéron, *De senectute,* chap. 13.

réunissant une fois par mois, pouvaient ouvrir
entre elles une cotisation (1).

Les esclaves pouvaient en faire partie avec l'autorisation de leurs maîtres.

Sans pouvoir assurer que ces associations aient
formé dès l'origine des personnes juridiques, nous
pensons que la cotisation mensuelle et les réunions périodiques prenant avec le temps une forme
plus parfaite, ont dû conduire à l'existence d'un
véritable *corpus*, ayant des biens communs, une
caisse commune, et un syndic pour agir en son
nom (2).

Ces *collegia tenuiorum* sont une ébauche de nos
sociétés de secours mutuels.

§ 4. *Societates.* — La *societas* du droit commun
est un contrat consensuel en vertu duquel plusieurs
personnes mettent tout ou partie de leurs biens en
commun pour partager les bénéfices résultant
d'une entreprise quelconque.

Au point de vue qui nous occupe, nous devons
distinguer les sociétés ayant un caractère public
de celles qui sont purement privées.

Ces dernières sont appelées *societates privatæ*(3),
par opposition aux autres auxquelles on peut donner le nom de *societates publicæ*, encore bien que

(1) L. III, § 2, Quod cujusc. unic.
(2) L. I, § I, cod. tit.
(3) L. LIX, *Pro socio*, au Digeste.

ce terme ne se trouve dans aucun texte, à notre connaissance.

Les sociétés publiques étaient assez rares, au témoignage de Gaius, qui cite cependant celles qui ont reçu l'autorisation de former un *corpus* pour prendre à ferme les impôts publics (*societates vectigalium publicorum*) ou pour l'exploitation des mines d'or, d'argent ou de sel (1).

Elles étaient certainement des personnes juridiques. Le § 1er de la même loi, *Quod cuj. univ.*, le dit expressément en donnant aux sociétés en question les attributs distinctifs de la personnalité. Il en résulte pour nous que toute *societas* ne pouvait prétendre à la condition d'*universitas* ou de *corpus*.

Quant à la question spéciale de savoir si la *societas* de droit commun est une personne morale distincte de la personne de ses membres, nous la trancherons dans le sens de la négative.

L'intérêt pratique de cette question résultera clairement de ce que nous aurons à dire sur les attributs des personnes morales en général.

Pour soutenir que la *societas privata* est une personne morale dans le droit romain, on s'appuie: 1° sur la loi XXII, *De fidej.* au Dig., qui assimile la *societas* à l'*hereditas*, au *municipium* et à la *decuria*, sans faire aucune espèce de distinction.

Nous répondons à l'argument tiré de ce texte,

(1) L. 1, pr., Quod cujusc. univ. Socii aurifodinarum, argenti fodinarum.

qu'il n'a pas pour objet d'énumérer les personnes juridiques, mais de dire qu'après la mort du débiteur principal et avant l'adition d'hérédité un fidéjusseur peut être donné au créancier.

La loi III, § 4, *De bon. poss.*, qui rapproche les *sociétés* des municipes, des décuries et des corporations, est encore moins probante que la loi précitée, parce qu'elle parle des *societates* au pluriel, comme elle parle des *corpora*, et ne paraît pas avoir trait même d'après le texte à la *societas privata*.

De plus ce texte, pas plus que le précédent, n'a pour but de donner une énumération des personnes juridiques.

Quant à la loi III, § 1, *De furtis*, dans laquelle le jurisconsulte Labéon, après avoir dit que ceux-là sont tenus de l'*actio furti*, qui dérobent ou altèrent les registres d'un municipe, ajoute : « *Idemque et de cæteris publicis deque societatibus,* » il nous paraît évident, d'après les termes mêmes de la loi, qu'elle n'a en vue que les sociétés publiques.

Voici, au surplus, les raisons principales pour lesquelles nous ne reconnaissons pas le caractère de personnes morales ou juridiques aux sociétés privées.

1° Il est de l'essence de la personne juridique que la propriété appartienne à l'être de raison et non à chacun des membres qui la composent. C'est ce qui résulte en particulier de la loi VI, § 1, *de divis. rer.*, qui s'exprime ainsi au sujet des biens appartenant à la cité : « *Universitatis sunt, non singulorum.* »

Or, dans une société ordinaire, chaque associé est considéré comme co-propriétaire du fonds social pour sa part et portion, ce qui exclut l'idée d'un propriétaire unique, être de raison.

C'est là un principe qui peut se déduire de la loi XIII, § 1, *Præscr. verb.*

Ulpien suppose dans cette loi que je vous ai donné la propriété d'un terrain nu pour qu'après y avoir élevé une construction, vous m'en rendiez une partie. Quel est le contrat qui est intervenu entre nous ? Est-ce une vente ? Non, parce qu'il n'y a pas de prix. Est-ce un mandat ? Non, le mandat est gratuit. Y a-t-il société ? Pas davantage, et en voici la raison : *Quia nemo societatem contrahendo r i suæ dominus esse desinit.*

Or, c'est la personne juridique qui est seule propriétaire dans les *societates* proprement dites, les associés lui ayant cédé ce qui leur appartenait. Donc, à ce premier point de vue, la *societas* ordinaire ne peut être une personne morale.

De plus, par le contrat privé de société, les associés n'ont pas perdu le droit d'aliéner la part qu'ils ont apportée dans la société, car ils en sont propriétaires, et le droit commun est que le propriétaire peut aliéner sa chose (1).

_____

(1) L. LXVIII, *Pro socio.*

Dans les *societates*, qui sont de véritables personnes juridiques, l'être moral ayant tout absorbé, les associés sont dépouillés du droit d'aliéner individuellement des biens qui ne leur appartiennent plus.

Enfin, lorsqu'une aliénation doit être faite par une *universitas*, c'est la majorité des membres qui, comme nous le verrons, décide l'aliénation et cette décision oblige la minorité. (L. CLV, *De regulis juris.*)

Dans une société ordinaire, le *veto* d'un seul des associés paraît devoir être un obstacle radical à l'aliénation de tout ou partie du fonds social (1).

Terminons l'énumération des personnes juridiques en parlant des fondations pieuses.

6° *Pia corpora.* — Cette expression dont les jurisconsultes romains ne se sont pas servis, et qui a été créée par les interprètes, peut servir à désigner toutes les fondations religieuses.

Dans l'ancien droit, on ne pouvait instituer les dieux héritiers, si ce n'est ceux qu'un sénatus-consulte ou une constitution avait permis d'instituer (2).

Parmi ces dieux privilégiés, Ulpien cite Jupiter Tarpeïen, Apollon de Didyme, Mars en Gaule, Minerve de Troie, et d'autres encore, plus particulièrement révérés dans certains pays.

---

(1) Loi XXVIII, *Communi dividundo.*
(2) Ulp., regul. xxii, § 6.

Il ne faut pas conclure de là que les dieux purent être propriétaires dès l'origine à titre de personnes idéales ou juridiques. Les dons qui leur
étaient faits étant consacrés et étant mis par là
même hors de commerce (1), les dieux donataires
n'avaient pas besoin d'être revêtus d'une personnalité qui leur permît d'être de véritables possesseurs au même titre que des particuliers.

Nous voyons cependant apparaître dans un texte
de Scœvola l'idée de personnalité morale attachée
à un temple.

Il résulte de ce texte que les temples consacrés
aux dieux purent, à raison de la personnalité qui
leur était reconnue, acquérir par legs ou fidéicommis, et devenir créanciers *in perpetuum* en conséquence d'un legs d'une rente annuelle (*annua
legata* (2).

Toutefois, c'est le christianisme qui, en substi-
tuant l'unité de la foi au polythéisme, a amené nécessairement comme conséquence l'unité dans le
droit relatif aux fondations pieuses (3).

Les biens donnés pour les causes pieuses n'ont
plus été attribués à tel ou tel dieu considéré comme
un individu semblable à l'homme ; la foi en un
seul Dieu fit que la propriété de ces biens fut conférée désormais *à l'Église*, quand le don était fait
à Dieu ou à Jésus-Christ, à des établissements de

---

(1) *Institutes*, liv. 11, tit. 1, § 8.
(2) L. XX, § 1, *De annuis legatis*.
(3) De Savigny, *Traité de droit romain*, t. 11.

bienfaisance constituant des personnes morales comme les hospices, quand la donation était faite aux pauvres, aux infirmes, aux vieillards.

Cette transformation qui se fait peu à peu se consomme sous Constantin qui, en établissant la religion chrétienne comme religion de l'empire, étend le cercle des *piœ universitates.*

C'est par une faveur nouvelle que les pauvres et les captifs peuvent recevoir des dons ou des legs, car aux yeux d'un droit logique et rigoureux comme le droit romain classique, des dispositions semblables étaient considérées comme faites à des *incertœ personœ.*

Avons-nous énuméré toutes les personnes juridiques?

Que dirons-nous de l'*hérédité jacente?*

En se fondant sur la loi XXII, *De fidej.* citée plus haut, on pourrait dire que c'est une personne juridique au même titre que le *municipium* et la *decuria.*

Nous avons vu que cette assimilation n'était pas exacte pour la *societas* ordinaire; elle ne l'est pas davantage, selon nous, en ce qui concerne l'*hereditas* jacente.

Si le *hereditas vice personœ fungitur* de la loi XXII ne nous détermine pas à dire que l'*hereditas* est une personne morale, quelle traduction en donnerons-nous?

Et d'abord l'*hérédité* jacente a-t-elle jamais pu, comme les personnes morales, sauf les distinctions d'époques que nous ferons pour ces personnes, acquérir directement et recevoir des hérédités ou des legs par elle-même? Or, c'est précisément là un des attributs distinctifs de la personne morale.

Il fallait, pour laisser un legs ou un patrimoine tout entier à une hérédité jacente, instituer un esclave de cette hérédité, ou le désigner comme légataire, ce qui eût été inutile en présence de la personnalité juridique attachée à un être de raison qui se serait appelé *hereditas*.

Hereditas personæ vice fungitur ne voulant pas dire que l'hérédité jacente joue le rôle de personne morale, signifie simplement ceci : l'hérédité jacente représente la personne du défunt. Plusieurs textes le disent formellement (1).

C'est là, il est vrai, une fiction; l'hérédité, si l'on veut, est une personne fictive; mais cette fiction et cette personnalité n'ont pas la portée qu'on attache à l'idée de personnalité morale.

La personne morale n'emprunte aucune personnalité étrangère à la sienne propre, qui résulte d'une création de la loi ou d'un acte équivalent.

L'hérédité jacente emprunte la personne du défunt, *personam defuncti sustinet*, et ce n'est qu'en ce sens qu'elle joue le rôle de personne, *vice personæ fungitur*.

Quel est le but de cette fiction? En le décou-

___

(1) L. XXXI, § 1, *De hered. instit.* — L. XV, pr., *De interrog.* — L. XXXIV, *De adquir. rer. dom.*

vrant, nous reconnaîtrons, par son utilité pratique, qu'il n'a aucun rapport avec la fin pour laquelle sont créées les personnes juridiques.

En effet, c'est seulement pour faciliter des acquisitions au profit de l'héritier futur et pour parer à son incapacité, que l'on a dit que l'hérédité jacente soutiendrait la personne du défunt. Il est facile de le démontrer.

Un citoyen romain meurt laissant sa femme enceinte. Il institue pour héritier dans son testament son enfant à naître, posthume sien. L'hérédité étant vacante jusqu'à la naissance de ce posthume, un esclave de l'hérédité est institué héritier par un tiers dans cet intervalle. Si l'institution devait se rapporter à la personne de l'héritier futur, elle ne serait pas valable dans l'hypothèse, attendu qu'on ne peut instituer héritier un posthume externe. La fiction que l'hérédité jacente représente le défunt rendra la disposition valable de son chef.

On peut encore supposer un homme qui, ayant moins de cent mille as, meurt, laissant une femme pour héritière instituée. Si avant l'adition de l'hérédité, un tiers ayant plus de cent mille as, instituait héritier un esclave de l'hérédité, la femme, en vertu de la loi *Voconia*, n'ayant pas *facti testamenti* avec un testateur ayant cette fortune, ne pourrait profiter de l'institution. Au contraire, grâce à la fiction, elle recueillera l'hérédité par l'intermédiaire de l'esclave institué.

On peut léguer un droit d'usufruit à un esclave

appartenant à une hérédité jacente. La raison en est que le *dies cedit* de ce legs n'ayant lieu qu'au jour de l'adition, il se trouve à cette époque quelqu'un qui en peut jouir (1).

L'esclave d'une hérédité jacente ne peut stipuler un droit d'usufruit, parce que le *dies cedit* d'un pareil legs ayant lieu au moment même de la stipulation, il n'y a personne pour jouir et pour recueillir le produit de la stipulation (2).

Au contraire, l'esclave d'une corporation ou de toute autre personne juridique pourra non-seulement être institué légataire d'un usufruit, mais pourra stipuler un droit d'usufruit, aucun obstacle de droit ne s'y opposant. La personne juridique peut jouir *hic et nunc*, elle est capable au jour du *dies cedit* et n'a besoin d'emprunter aucune capacité étrangère.

Enfin, si l'hérédité jacente était une personne morale, elle devrait l'être d'une manière absolue et en toute hypothèse. Or, d'une part les Institutes nous disent : « *In plerisque* hereditas personæ defuncti vicem sustinet (3); » d'autre part nous trouvons dans un texte du Digeste cette phrase : « Hereditas *in multibus partibus juris* pro domino habetur (4), » expressions restrictives qui enlèvent

---

(1) *Quando dies ususfr.* l. 1, § 2. — *Fragm. Vatic.*, § 55.

(2) L. LXI, § 1, *De adquir. rer. dom.* — L. XXVI, *De stipul. serv.*

(3) *Institutes*, liv. III, tit. 17, pr.

(4) L. LXI et § 1, *De adquir. rer. dom.*

à la fiction ce caractère absolu qui serait indispensable pour qu'on reconnût à l'hérédité jacente une véritable personnalité juridique.

Nous pouvons citer deux exemples entre autres qui montrent que l'hérédité jacente n'a pas absolument la capacité d'une personne et par lesquels se trouve vérifiée la restriction contenue dans les termes *in plerisque, in multis partibus juris.*

1° L'esclave valablement institué après la mort de son maître et pendant la vacance doit attendre l'adition de l'héritier qui deviendra son maître pour accepter l'hérédité, parce qu'une hérédité déférée à l'esclave d'autrui ne peut être acquise au *dominus* par la seule volonté de l'esclave, qui a besoin d'un *jussus* que la *persona defuncti* ne peut donner, non plus que l'hérédité jacente, au nom de cette personne.

2° Nous avons vu déjà l'impuissance de la fiction pour que l'esclave puisse stipuler un droit d'usufruit pendant que l'hérédité est jacente, et nous avons dit la cause de cette impuissance.

SECTION II.

Classification des personnes juridiques.

M. de Savigny donne une classification des personnes juridiques, qui, comme il le dit lui-même, convient plutôt à l'état actuel du droit en Allemagne qu'au droit romain classique qui doit seul nous occuper.

Sans suivre ses développements sur ce point, nous croyons cependant pouvoir adapter à notre sujet la première branche de la classification qu'il présente (1).

Le savant auteur, recherchant quelles sont les différentes sortes de personnes juridiques, commence par faire cette distinction : « Il est des personnes juridiques auxquelles on peut attribuer une existence naturelle ou nécessaire; il en est d'autres qui ont une existence purement artificielle ou volontaire. »

Comme exemple des personnes juridiques de la première espèce, il cite les *communes* en général, *die gemeinden* en allemand, ce qui comprend les *civitates* ou *municipia*, les *vici*, les *fora conciliabula* et *castella*.

Nous remarquons qu'un des caractères distinctifs des *universitates* de cette première catégorie, est qu'elles se rattachent toutes à une situation territoriale déterminée.

Cette situation même est la raison de l'existence de l'*universitas*, qui s'est fondée sur les rapports locaux de domicile et de propriété existant entre les habitants d'un même lieu.

Les personnes juridiques qui ont une existence purement artificielle et volontaire puisent leur raison d'être en dehors de toute considération de territoire.

(1) *Traité de droit romain*, t. 11, § 86.

Ce sont toutes les associations qui se sont formées librement et par l'accord spontané des membres qui les composent, soit que tous ou que quelques-uns des membres seulement aient concouru
à leur formation.

Dans cette seconde catégorie rentrent les *corpora*
ou *collegia licita* dont une classification bien or-
donnée est difficile à faire, mais que nous croyons
cependant pouvoir ranger ainsi :

1° *Corpora* ayant un but industriel et en même
temps un certain caractère d'utilité publique.

Les *societates* ayant pour objet l'exploitation des
mines.

Celles qui se sont constituées pour prendre à
ferme les impôts publics.

2° *Corpora* formés par des personnes qui se li-
vrent au commerce, mais n'ayant qu'un caractère
d'utilité privée.

Ce sont les corps de métiers qui ont les éléments
de la vie juridique, tels que les corporations des
forgerons, des boulangers, des bateliers, etc.

3° *Corpora* composés de personnes se réunissant dans un but religieux (*religionis causa*).

Nous rattachons à ces *corpora* tous ceux qui ont
pour objet le culte des dieux, comme le collége des
prêtres ou celui des Vestales, à l'époque où ils deviennent des personnes juridiques, et l'Église elle-
même quand la foi chrétienne se substitue au pa-
ganisme.

4° *Corpora* formés par les liens de l'amitié et le plaisir des réunions à table et de la conversation, et *corpora* fondés dans un but d'humanité et d'assistance mutuelle (*sodalitates* et *collegia tenuiorum*).

5° *Corpora* ou associations composées de fonctionnaires d'un ordre inférieur, comme le collége des scribes.

Le fisc n'étant pas un *corpus* ni une *universitas* ne peut rentrer dans aucune de ces catégories. C'est une personne juridique, comme nous l'avons dit, tout à fait à part.

Des auteurs modernes ont fait une distinction qui trouve ici sa place entre les *universitates* qui ont une organisation parfaite et qui sont pourvues de tous les éléments de la vie juridique et celles qui n'ont de cette organisation que les éléments nécessaires pour leurs besoins et pour l'accomplissement des fins qu'elles se proposent. Les *universitates* de la première espèce ont reçu des auteurs qui ont proposé la distinction, la qualification d'*universitates ordinatæ*, tandis que les autres ont été qualifiées d'*inordinatæ*.

CHAPITRE II.

ONSTITUTION DES PERSONNES JURIDIQUES.

Nous n'avons à parler ici que des personnes juridiques pour la création desquelles une autorisation de la puissance souveraine est nécessaire.

Nous avons vu que les communes n'avaient pas eu besoin d'autorisation pour se fonder. Il y en avait cependant qui étaient fondées en vertu d'un acte politique qui supposait l'intervention de l'État. C'étaient les *coloniæ*, colonies romaines, qui puisaient leur origine dans la *coloniæ deductio*.

La règle était, pour les corporations en général, qu'elles ne pouvaient s'établir et exister légalement qu'en vertu de lois, de sénatus-consultes ou de constitutions impériales. C'est ce que nous dit Gaius après avoir attesté qu'il n'est pas permis à tout le monde de former une *societas*, un *collegium* ou un *corpus; « Nam et legibus, senatus-consultis et « principalibus constitutionibus ea res coercetur* (1). »

Il paraît que l'autorité publique à Rome ne se prêtait pas facilement à la constitution des *corpora*. Le même jurisconsulte nous dit en effet : « *Pau-cis admodum in causis concessa sunt hujusmodi corpora* (2), » et il cite comme étant les corpora-

(1) L. I, pr., *Quod cuju : unit.*
(2) *Eod. loc.*

tions le plus souvent autorisées, celles qui ont un but évident d'utilité publique, comme les sociétés formées pour l'exploitation des mines ou la perception des impôts publics.

Peut-être pourrait-on trouver la raison de la rareté des autorisations données aux *corpora* dans la crainte où l'on était des troubles et des révoltes causées par la réunion, au sein de l'État, d'un nombre trop grand d'associations. C'est ainsi qu'on avait été obligé d'anéantir le collége des scribes, d'abord toléré, qui s'était montré plus turbulent que les autres.

On ne peut, en droit romain, comparer la condition des corporations à celles des mineurs, au point de vue d'une tutelle qui aurait été exercée sur elles par l'État dans des vues toutes favorables à ces institutions. C'est là une idée moderne à laquelle on ne peut rattacher la nécessité de l'autorisation pour la constitution des *corpora*.

L'idée par laquelle on peut s'expliquer, à Rome, l'intervention de l'État dans cette constitution, est plutôt une idée de protection pour l'État lui-même. C'est ce qui explique que quand les *collegia tenuiorum*, composés d'individus de la classe inférieure, sont autorisés à se réunir et à ouvrir une souscription annuelle entre leurs membres, il leur est commandé de ne pas se réunir plus d'une fois par mois, sous peine de dégénérer en *collegium illicitum* (1).

_____

(1) L. 1, pr., *De collegiis et corporibus.*

Or, nous savons ce qu'il en coûtait à ceux qui se permettaient de former un collége que l'autorité n'eût pas sanctionné. Ils étaient tenus de la peine infligée à ceux qui étaient condamnés pour avoir fait occuper par des hommes armés des temples ou des lieux publics, et étaient sous le coup du *crimen extraordinarium* prévu par la loi *Julia majestatis* (1).

Les présidents des provinces avaient reçu mission spéciale de surveiller tous les colléges, mais particulièrement ceux formés dans les camps, qui auraient pu créer des foyers de mécontents pernicieux pour la discipline d'une armée.

Des constitutions impériales avaient formellement confié ce pouvoir aux présidents des provinces (2) qui veillaient également à ce que les *collegia tenuiorum* restassent dans les limites qui leur avaient été imposées lors de leur création. On comprend toute l'importance d'une bonne police pour ces colléges, qui se recrutaient dans les basses classes, même parmi les esclaves, lesquels fomentaient souvent des révoltes au sein de la société romaine.

Il est difficile et peu important d'ailleurs de savoir la forme dans laquelle l'autorisation était demandée par les corporations au pouvoir.

Il semble qu'il fallait toujours s'adresser au sénat,

---

(1) L. II, *De colleg. et corp.* — L. I, § 1, *Ad leg. Jul. majest.*
(2) L. I, pr., *De colleg. et corp.*

à l'empereur ou au peuple, peut-être en présentant un libelle, ou en faisant présenter sa requête par un magistrat ou un fonctionnaire d'un ordre élevé, comme le président de la province. Nous n'osons rien affirmer à cet égard, de peur de tomber dans des idées trop conformes à notre organisation administrative actuelle.

Ce qui est plus certain, c'est la forme dans laquelle l'autorisation était accordée.

Les sénatus-consultes ont toujours dû régler cette matière qui rentrait plutôt dans l'ordre des affaires administratives que dans les matières de droit civil.

Ils ont dû la régler avec les constitutions impériales depuis le règne de l'empereur Tibère, à dater duquel la loi et le plébiscite ne comptent plus comme sources du droit.

Les sénatus-consultes disparaissent eux-mêmes, à compter du règne de Septime-Sévère pour laisser la place aux constitutions impériales qui restent la seule source du droit tant administratif que civil (1).

Pour constituer un *collegium*, il fallait au moins trois personnes (2).

Il en résulte que l'autorisation du pouvoir suprême n'aurait pas été accordée à une association composée seulement de deux personnes. Le prin-

(1) Ortolan, *Explication historique des Institutes*, t. 1, liv. 1, tit. 2, p. 141.

(2) L. LXXXV, *De verb. signif.*

cipe est le même quant à la composition d'une *familia* d'esclaves. Ulpien nous dit qu'il ne peut y avoir de *familia* à moins de trois esclaves (1).

Les personnes juridiques étaient nombreuses et variées ; aussi il aurait été difficile de poser des règles fixes qui fussent applicables à toutes. C'est ce qui fait que les jurisconsultes romains, dans leur sagacité, ont dit fort peu de chose de la constitution des corporations en général. Ce qu'ils nous en apprennent est surtout relatif aux municipes et aux colonies, dont la constitution avait d'ailleurs sans doute servi de modèle aux autres *universitates*.

Voici les principaux éléments de cette constitution. Toute la puissance de l'*universitas* réside dans l'*ordo* ou collège des décurions qui ne doit être considéré comme délibérant régulièrement qu'autant que les deux tiers au moins de ses membres sont réunis. Une telle réunion représente l'*ordo* tout entier; il n'y a pas lieu d'exiger en général la présence d'un plus grand nombre de membres ou de tous les membres, parce qu'autrement l'empêchement de quelques décurions pourrait entraver la marche des affaires; si le nombre voulu n'est pas au complet, l'assemblée ne peut prendre de délibération valable (2).

Dans une réunion composée du nombre de membres voulu, c'est à la majorité des membres présents

(1) L. XL, § 3, id.

(2) L. II, III, *De dier. ab ord. fac.* — L. XLVI, au Code, *De dvur.*— Loi XIX, *Ad municip.*

que les décisions sont prises relativement aux affaires de la cité.

C'est ainsi qu'est nommé l'*actor* ou *syndicus* qui doit agir en justice au nom de la cité.

Quand nous examinerons comment fonctionnent les corporations et les personnes juridiques en général, nous verrons que quand elles se constituent, elles ont la faculté d'adopter des statuts qui sont la loi de leur existence et de leur vie juridique.

SECONDE PARTIE.

———◇◇———

DROITS DONT LES PERSONNES JURIDIQUES SONT CAPABLES.

Il y a des droits dont la jouissance appartient à toutes les personnes juridiques en général et qui forment en quelque sorte le droit commun applicable à ces personnes.

Il en est d'autres qui n'appartiennent qu'à certaines personnes juridiques, et à titre de priviléges qui leur sont concédés par des lois ou par des constitutions impériales. C'est ainsi que nous verrons le fisc pourvu de priviléges très-nombreux auxquels d'autres personnes morales ne sauraient prétendre.

CHAPITRE I.

Parmi les droits dont toutes les personnes juridiques en général sont capables, nous devons citer en premier lieu le droit de propriété et les démembrements de la propriété.

SECTION I.

Droit de propriété.

C'est un caractère propre aux colléges ou aux sociétés auxquelles il est permis de former un *corpus*, que d'avoir des biens communs comme l'État ou un municipe en a, *ut ea quæ in patrimonio sunt populi, ad exemplum reipublicæ* (1).

Mais ces biens sont-ils communs en ce sens que les membres des colléges considérés *ut singuli* en seraient copropriétaires, ou bien la propriété des *res communes* appartient-elle à l'être moral, au *corpus?*

Nous avons un texte qui peut nous servir de règle à cet égard. Il a trait spécialement aux cités, mais le principe est le même pour les autres *universitates*. Or, ce texte, après avoir cité comme exemple de choses communes les théâtres, les stades des cités, répète ce qui pouvait donner lieu à interprétation dans la loi I, § 1, *Quod cujusc. univ.*, en disant :« *Et si qua alia sunt communia civitatum*, » mais il tranche toute difficulté en ajoutant :« *Universitatis sunt, non singulorum* (2). »

En effet il résulte de là de la manière la plus positive que c'est le *corpus* ou l'*universitas* qui est propriétaire et non chacun des individus qui la composent considérés *ut singuli.*

---

(1) L. I, § 1, *Quod cujusc. univ.* — L. XIV, pr, *De acquir. rer. dom.*
(2) L. VI, § 1, *De divis. rer.*

Le principe étant posé, plusieurs conséquences en découlent :

1° Tandis qu'un esclave ne peut être mis à la torture pour déposer en faveur de son maître ou contre lui, l'esclave d'un municipe pourra être mis à la torture en faveur d'un citoyen du municipe ou contre lui. La raison en est, suivant Ulpien et Marcien, que l'esclave dont il s'agit n'est pas l'esclave de chacun des citoyens, mais est *servus reipublicæ,* c'est-à-dire de la personne morale *civitas,* parfaitement distincte des *cives.*

Le même jurisconsulte étend à toutes les corporations la règle qu'il vient de poser en disant : « *Idemque in cæteris servis corporum dicendum est,* » et en formulant de nouveau le principe à propos des corporations en général : « *Nec enim plurium servus videtur, sed corporis* (1). »

Il paraît que de nombreuses constitutions impériales avaient consacré ce droit ; l'une d'elles, au rapport de Marcien, avait pour auteurs Sévère et Antonin (2).

N'est-il pas évident que l'esclave du municipe ou de toute autre *universitas* n'aurait pu être soumis à la torture s'il avait appartenu à chacun des membres de la cité ou de la corporation pris en particulier, *ut singuli*? Étant en effet la propriété de chacun d'eux pour une part indivise comme chose

---

(1) L. 1, § 7, *De question.*
(2) L. VI, § 1, *De divis. rer.*

commune, cela aurait suffi pour apporter un obstacle de droit à l'exercice de la *quæstio*.

2° Une autre conséquence à tirer de ce que le
droit de propriété réside dans la personne morale
et non dans les membres, c'est que l'affranchi de
la corporation, quand il voudra appeler l'un d'eux
in jus, n'aura pas besoin de demander la permission du préteur conformément à l'édit *De in jus vo-
cando*. En effet, il ne doit hommage et respect qu'à
l'*universitas* qui l'a affranchi, et il n'aura besoin
de la permission du préteur que lorsqu'il voudra
agir contre elle (1).

Nous sommes autorisés par les textes eux-mêmes
à appliquer à toutes les corporations ce qui n'est
dit, dans la loi VI, § 1, *De divis. rer.*, qu'au sujet
du municipe. Le jurisconsulte Ulpien s'exprime
en effet de la manière la plus générale : « *Qui ma-
numittitur a corpore aliquo vel collegio...* » et plus
loin : « *Si adversus universitatem velit experiri.*
(L. X, *De in j. voc.*)

Est-il besoin de dire que si l'affranchi, au lieu
d'être l'affranchi de l'*universitas* elle-même, était
l'affranchi des membres de l'*universitas*, il devrait
nécessairement, pour pouvoir appeler l'un d'eux
in jus, s'adresser au préteur pour en obtenir de lui
la permission, conformément à l'édit *De in jus vo-
cando*?

Cette seconde conséquence du droit de propriété

(1) Loi X, § 4, *De in jus voc.* — L. VI, § 1, *De divis. rer.*

pour les personnes juridiques relative à une circonstance particulière de la condition des affranchis, nous montre que les corporations pouvaient avoir des affranchis.

Or, ce point est digne de notre attention, d'autant plus qu'en parlant du droit de succession testamentaire, nous aurons l'occasion de parler des affranchis et des corporations comme exerçant sur eux les droits de patronage.

Dans le premier état du droit, un des modes solennels d'affranchissement devait être nécessairement employé pour faire passer les esclaves dans la classe des citoyens romains. Une corporation pouvait-elle employer le cens pour affranchir un de ses esclaves ? Non, parce que le maître devait intervenir lui-même avec son esclave devant le censeur pour que ce magistrat inscrivît l'esclave sur les tables du cens comme citoyen romain.

Pouvait-elle employer la vindicte ? Pas davantage, par la raison que la vindicte étant une *legis actio* fictive, il fallait nécessairement que le maître fût partie au procès sans pouvoir se faire représenter dans la *causa liberalis*. Puisque la *vindicatio in libertatem* ne pouvait se faire *alieno nomine*, il était donc radicalement impossible aux personnes juridiques d'affranchir leurs esclaves suivant ce mode.

Reste l'affranchissement par testament.

Mais comment concevoir qu'une personne morale puisse employer ce dernier mode solennel, qui, par la force des choses, ne convient qu'aux personnes physiques qui, seules, vivent et meurent?

Cependant de fait les corporations avaient des affranchis.

En se plaçant avant la loi Junia Norbana, les esclaves des corporations ne pouvant être affranchis que par un mode non solennel, ne jouissaient que d'une liberté de fait, liberté précaire, qui n'empêchait pas leurs anciens maîtres de les faire rentrer en esclavage. Il est vrai que le préteur les protégeait ; aussi disait-on qu'ils demeuraient *in libertate tuitione prætoris*.

Depuis la loi Junia Norbana, les affranchis ont la qualité de Latins Juniens. Ils jouissent de la liberté d'une manière moins précaire ; ils ont le *jus commercii*, et le droit de figurer dans la mancipation, mais à leur mort ils redeviennent esclaves et les biens qu'ils laissent reviennent à leurs maîtres, dans l'espèce aux corporations (1).

Le droit commun est donc insuffisant même une fois qu'il est amendé, pour faire passer les affranchis des corporations dans la classe des citoyens romains, et il fallait, pour arriver à ce résultat, que des constitutions impériales créassent un droit formel et spécial à cette matière.

Ce droit résulte d'une constitution de Trajan, qui accorde aux cités de l'Italie la permission d'affranchir leurs esclaves ; d'un sénatus-consulte

(1) Caïus, Comm, iii, § 56 et suivants.

rendu sous Adrien, qui étend cette concession aux villes des provinces (1); enfin, il se complète à partir du jour où Marc-Aurèle accorde à tous les *collegia* en général le droit d'affranchir leurs esclaves (2).

3° Une troisième conséquence du droit de propriété reconnu au *corpus*, consiste en ce qu'un membre de l'*universitas* n'aurait pu prendre sur lui d'aliéner seul le fonds commun même pour partie, non-seulement par la raison que la personne juridique est seule propriétaire pendant l'existence du *corpus*, mais par cette autre raison que, pour procéder à l'aliénation totale ou partielle de la *res communis*, il fallait une décision de la majorité des membres de l'*universitas* (3).

Ici peut se placer la question de savoir de quelle majorité la loi CLX, § 1, *De reg. juris*, a entendu parler.

En ce qui touche les votes émanant de l'*ordo* ou sénat municipal, il résulte de plusieurs textes que, pour prendre une délibération valable, les deux tiers au moins des membres de l'*ordo* devaient être présents (4).

Pour les autres *corpora*, aucun texte ne tran-

---

(1) Nous ne connaissons pas de date certaine à ce sénatus-consulte, pas plus qu'à la constitution de Trajan (Ulp., reg. xxii, § 5). — L. I, au Code, *De serv. reipub.*, liv. vii, tit. 0.

(2) L. I, *De manum. quæ serv.*

(3) L. CLX, § 1, *De reg. juris.* — L. III, au Code, *De prædiis decur.*

(4) L. I, II, *De dier. ab ord. fac.* — L. XLVI, au Code, *De decur.* — L. XIX, *Ad municip.*

chant la question, on peut conjecturer que leurs décisions se prenaient comme celles de l'*ordo* à la majorité des membres présents, qui devaient former les deux tiers de la corporation tout entière. Cependant nous ne pouvons rien affirmer à cet égard.

4° Une quatrième conséquence de la personnalité juridique de la corporation est que, lorsqu'il s'agira d'affranchir un esclave appartenant à la personne morale, cette personnalité ne trouvant son expression que dans la volonté de la majorité, l'affranchissement opéré par un seul membre n'aura aucune efficacité, et sera considéré comme nul et non avenu.

Au contraire, si l'esclave, au lieu d'appartenir à la personne morale, avait appartenu à chacun des membres *ut singuli*, l'affranchissement fait par l'un d'eux aurait eu pour effet de faire aller la part appartenant au membre affranchissant aux autres membres de l'*universitas*.

Cet effet se serait produit d'une manière différente suivant les époques.

Avant Justinien, il faut distinguer le cas où le mode d'affranchissement employé est de nature à faire passer l'esclave dans la classe des citoyens romains, de celui où le mode d'affranchissement dont on se sert ne peut faire qu'un Latin Junien.

Toutefois, dans le premier état du droit et dans une première opinion, cette distinction importe peu, et l'esclave commun affranchi par l'un de ses maîtres n'est pas plus Latin Junien que citoyen romain, la part du maître affranchissant accroît dans tous les cas à la part des autres maîtres (1).

Dans une seconde opinion, on distinguera si le mode d'affranchissement employé est solennel ou privé; dans le premier cas, la part du maître affranchissant aura fait accroissement à la part des autres maîtres; dans le second, il sera réputé n'avoir rien fait (2).

D'après une constitution de Sévère, rapportée par Justinien, si un militaire avait par testament laissé la liberté à un esclave dont il avait la propriété avec un tiers, ce tiers devait vendre sa part dans cet esclave aux héritiers du testateur, afin qu'il reçût d'eux la liberté. Une constitution des empereurs Sévère et Antonin avait étendu cette obligation aux héritiers d'un testateur quelconque (3).

Enfin le droit inauguré par Justinien est celui-ci : plus de droit d'accroissement et liberté conférée à l'esclave par tous les modes d'affranchissement sans distinction, sauf indemnité pour les copropriétaires de l'esclave (4).

(1) *Sentences* de Paul, liv. iv, tit. 12, § 1.
(2) Ulp., *Fragm.*, liv. i, tit. 1, § 18. — *Instit.*, liv. ii, tit. 7, § 4.
(3) L. 1, au Code, *De comm. servo.*
(4) L. 1, pr. et §§ 1, 5, 7, au Code, *De comm. serv. manum.*

SECTION II.

Capacité des personnes juridiques en ce qui concerne les démembrements de la propriété.

Les personnes juridiques peuvent participer activement et passivement aux droits de servitude.

Elles peuvent avoir des *servitudes personnelles* ou des *servitudes réelles* à exercer, comme elles peuvent être grevées des unes ou des autres.

§ 1. *Servitudes personnelles.* — Le droit d'usufruit pouvait être acquis *ipso jure* par une *universitas* au moyen d'un legs *per vindicationem*.

Entre-vifs, il ne pouvait être constitué au profit de la personne juridique, ni par la mancipation ni par la *cessio in jure*.

En effet, on ne pouvait acquérir par la mancipation que les choses *mancipi*, et l'usufruit était chose *nec mancipi*.

Quant à la *cessio in jure*, elle ne pouvait, par une double raison, être employée par la personne juridique comme mode d'acquisition : 1° parce que l'esclave qui la représentait dans ses acquisitions ne pouvait figurer devant le magistrat pour revendiquer quelque chose comme lui appartenant (1); 2° parce que la *cessio in jure* n'étant qu'une forme des actions de la loi, le principe : « *Nemo alieno nomini agere potest*, » applicable à ces actions, de-

(1) Gaius, Comm., II, § 96.

vait être respecté (1). Un *actor*, pas plus que l'esclave, n'aurait donc pu pour cette seconde raison acquérir un droit d'usufruit à une corporation.

Il faut conclure de là qu'entre-vifs et dans l'ancien droit, l'usufruit ne pouvait être acquis à la personne juridique que *jure prætorio* et par la voie de la *quasi-traditio*.

Cette *quasi-traditio* ou *possessio juris* appliquée à l'usufruit résulte de plusieurs textes et notamment de la loi LVI, *De usuf.*, qui suppose un droit d'usufruit appartenant à un municipe.

Cette loi résout une question importante, celle de savoir pendant combien de temps durerait un droit d'usufruit accordé à un municipe. On conçoit que la même question se présentait pour les *universitates* en général.

L'usufruit s'éteint de droit commun par la mort de l'usufruitier et par sa diminution de tête ; mais ces deux modes d'extinction ne sauraient être appliqués à un être de raison, qui, par sa nature même, est à l'abri de pareilles déchéances.

Il y avait à craindre par conséquent que l'usufruit ne demeurât toujours séparé de la nue-propriété : « *Periculum enim esse videbatur ne perpetuus fieret,* » ce qui aurait causé un grand dommage à la propriété, « *quâ ratione proprietas inutilis esset futura* (2). »

---

(1) L. CXXIII, *De reg. juris.*

(2) Gaius, *Ad edict. prov.* — L. LVI, *De usufr.*

On avait cependant fini par admettre, ainsi que Gaius nous le dit lui-même, qu'un municipe pourrait avoir un droit d'usufruit. Mais se présentait alors la question de savoir combien de temps l'usufruit durerait, la perpétuité du droit étant reconnue inadmissible.

Sur ce point, les jurisconsultes n'étaient pas d'accord.

Les uns voulaient que l'usufruit durât trente ans seulement (1). Gaius, dont l'opinion avait triomphé, lui assignait une durée de cent ans comme étant le terme le plus long de la vie humaine (2).

L'usufruit constitué au profit d'une corporation pouvait se perdre par le non-usage (3); et encore par l'expiration du temps pour lequel la corporation avait pu être constituée, en supposant une des sociétés industrielles dont nous avons parlé.

Il pouvait se présenter un cas où l'usufruit établi au profit d'une cité serait éteint d'une autre manière; mais ce cas était tout à fait extraordinaire. C'était celui où le municipe usufruitier se trouvait anéanti, parce qu'on avait fait passer la charrue sur le sol qu'il occupait. Modestin disait en pareil cas que l'usufruit finissait *quasi-morte*, et il citait

---

(1) L. LXVIII, pr., *Ad legem Falc.* — Le Code Napoléon a adopté le délai de trente ans pour la durée de l'usufruit accordé à des personnes morales (art. 619).

(2) L. VIII, *De usu et usufr.* — L. LVI, *De usufr.*

(3) L. LXVI, § 7, *De legatis*, 2o.

l'exemple du sort qu'avait eu la ville de Car-
thage (1).

Le droit d'usage n'est pas dans la capacité des
personnes juridiques, attendu que ce droit demande
a être exercé par le titulaire lui-même, ce qui est
radicalement impossible à un être de raison.

§ 2. *Servitudes réelles ou prédiales.* — Les servitudes prédiales, qu'on distingue en servitudes rurales et servitudes urbaines, pouvaient être acquises
par les corporations ou sur leurs biens, mais avec
des distinctions.

1° *Servitudes rurales.* — Elles pouvaient incontestablement être acquises aux personnes juridiques
au moyen d'un legs *per vindicationem*.

Comme elles étaient choses *mancipi*, elles pouvaient également leur être acquises par leurs esclaves au moyen de la mancipation (2).

Mais la voie de la *cessio in jure* était impraticable
en cette matière à raison du principe rappelé plus
haut, d'après lequel la représentation n'était pas
admise dans les actions de la loi ou dans les modes
de procéder dérivés des actions de la loi.

2° *Servitudes urbaines.* — Le legs *per vindicationem* est encore le mode d'acquérir le plus certain
en cette matière.

_____

(1) L. XXI , *Quibus modis usufr.*
2) Gaius, Comm., II, § 90, *in fine.* — L. XII , *De servitutibus.*

La mancipation ne peut servir à acquérir ces servitudes qui sont des choses *nec mancipi.*

La *cessio in jure* est inadmissible par les mêmes raisons que plus haut.

§ 3. De même qu'un étranger peut acquérir des droits de servitude sur les fonds appartenant à une corporation personne juridique, de même un membre de la corporation peut très-bien acquérir au profit d'un fonds à lui appartenant en propre, une servitude sur un fonds appartenant à la corporation.

Il est à remarquer qu'il n'aurait pu l'acquérir, si le fonds, au lieu d'appartenir à la personne juridique, avait été considéré comme étant pour partie la propriété de chacun des membres du *corpus.* Il en aurait été empêché par la maxime : « Nemini res sua servit, » nul ne pouvant acquérir une servitude sur son propre bien, même pour partie (1).

⸻⸻

CHAPITRE II.

CAPACITÉ DES CORPORATIONS ET DES PERSONNES JURIDIQUES
EN GÉNÉRAL EN MATIÈRE DE POSSESSION.

Selon le droit primitif, les municipes, et nous pouvons dire d'une manière générale les per-

(1) L. VIII, § 1, *De servitut.*

sonnes juridiques, sont absolument incapables de
posséder : « Per se nihil possidere possunt, » dit
Paul (1). Quelle en est la raison? Le texte de la
loi romaine répond : « Quia *uni* consentire non
possunt. » Certaines éditions du Digeste portent,
au lieu d'*uni*, *universi*.

Si l'on interprète le texte avec *uni*, l'incapacité
de posséder semblerait résulter de ce que l'*universitas* n'a et ne peut avoir l'*animus possidendi*. Or,
c'est là un des éléments essentiels de la possession,
le fait matériel de la détention de la chose, le *corpus*, ne suffisant pas à lui seul.

Suivant l'édition qui porte *universi*, le fragment
ci-dessus voudrait dire que l'*universitas* est dans
l'incapacité de posséder, parce qu'il y a impossibilité de réunir l'unanimité des membres qui la
composent. Mais on peut répondre à cela : 1° que
cette incapacité n'existe pas en fait d'une manière
absolue, attendu qu'il est possible de réunir tous
les membres d'une corporation ; 2° qu'on aurait
pu, pour parer à l'inconvénient résultant dans la
pratique de cette difficulté, décider qu'on se con-
tenterait de la volonté de la majorité des membres.

Quoi qu'il en soit, la possession ne pouvant être
exercée par les corporations, il en résultait qu'un
municipe ne possédant pas son forum, ses édifices, ils étaient seulement soumis à l'usage commun des membres du municipe.

(1) L. I, § 22, *De adquir. vel amitt. posses.*

En supposant que les personnes morales eussent des esclaves, qui possédassent un pécule, ne pouvaient-elles pas du moins acquérir par eux la possession *peculiari nomine ?*

On sait qu'il suffisait de la permission générale donnée par le maître à son esclave d'avoir un pécule pour que toutes les acquisitions faites dans l'avenir *peculiariter,* fussent considérées comme ayant eu lieu par sa volonté. Ce principe devait s'appliquer aux *corpora* quant aux choses acquises par la possession.

Toutefois, des jurisconsultes soutenaient que les personnes morales ne pouvaient acquérir la possession même *peculiariter,* en se fondant sur cette raison que les esclaves eux-mêmes ne pouvaient être possédés par elles : « *Quoniam ipsos servos non possideant* (1). »

Nerva était d'un avis contraire et admettait que les acquisitions du pécule pouvaient conduire le municipe à l'usucapion par la possession (2).

La controverse à laquelle il est fait allusion dans Gaius au sujet des acquisitions par les personnes que l'on avait *in manu* ou *in mancipio* portait sur une question analogue ; savoir si on pouvait acquérir la possession par ces personnes. La question était douteuse parce qu'on n'avait pas en sa possession les personnes *in manu* ou *in mancipio ;*

---

(1) L. I, § 22, *De adquir. vel amitt. possess.*
(2) *Id.*

la même raison était donnée pour refuser la capacité de posséder aux municipes. « An autem possessio per eas personas adquiratur quæri solet, « *quia ipsas non possideamus* (1). »

Ulpien constate le droit qui est fixé de son temps en ce sens que les municipes peuvent désormais posséder, usucaper et acquérir au moyen de la tradition par leurs esclaves comme par l'intermédiaire de personnes étrangères (2).

En vertu de ce droit admis par dérogation au droit rigoureux et *utilitatis causa* on n'a plus considéré le défaut de l'*animus possidendi* comme un obstacle invincible à l'acquisition de la possession par un *corpus*, pas plus que l'absence de l'*animus* chez le fou ou l'*infans* n'a empêché à une certaine époque de décider que les tuteurs ou curateurs pourraient acquérir pour eux la possession.

Nous pouvons maintenant essayer de réfuter sur ce point l'opinion de M. de Savigny, qui pense que dans la pratique, les personnes morales ont toujours dû posséder (3).

Suivant lui, comme il fallait avant tout, pour que les personnes morales pussent acquérir par leurs esclaves, qu'elles fussent arrivées à la propriété de leur premier esclave, et qu'elles ne pouvaient y arriver que par l'usucapion, c'est-à-dire par la pos-

___

(1) Comm., II, §§ 89, 90.
(2) L. II, *De adquir. vel amitt. possess.*
(3) *Traité de droit romain*, t. II, p. 292.

session, les personnes morales auraient toujours été forcément capables quant à la possession.

Les personnes morales ne pouvaient-elles donc pas acquérir leur premier esclave au moyen d'un legs *per vindicationem ?* Cette réponse ne serait pas complétement satisfaisante, d'abord parce que le legs *per vindicationem* n'était pas un mode d'acquisition journalier, et qui pût être considéré comme étant pour toutes les corporations l'origine de la propriété de leurs esclaves; puis, parce que les personnes morales n'ont eu que tard la capacité de recevoir des legs.

On peut s'expliquer plus vraisemblablement comment les corporations devenaient propriétaires de leur premier esclave en disant simplement que l'acte législatif qui créait une personne morale pouvait, en vertu de sa toute-puissance, conférer à la corporation la propriété d'un ou de plusieurs esclaves.

CHAPITRE III.

CAPACITÉ EN MATIÈRE D'OBLIGATIONS.

SECTION I.

Créances.

Parmi les créances que peut avoir la personne juridique, il faut distinguer celles qui naissent des contrats de celles qui résultent des délits.

§ 1. *Créances dérivant des contrats ou quasi-contrats.* — Les contrats peuvent être passés au nom de la corporation par un esclave ou par une personne libre représentant l'être moral.

Quand c'est par un esclave, la créance est acquise *ipso jure* à l'*universitas*; quand celui qui contracte au nom du *corpus* est une *extranea persona*, il ne lui procure qu'une *action utile* (1). Le principe posé par Ulpien à l'occasion d'un municipe est évidemment applicable à toute autre *universitas*. C'est ainsi que les esclaves d'une cité, d'un municipe ou d'une colonie (2) leur acquéraient les actions directes. Les administrateurs des cités, stipulant pour elles, ne leur acquéraient que les *actions utiles*.

Les corporations pouvaient être également créancières *quasi ex contractu*, en se plaçant dans les différentes hypothèses prévues par la loi IX, *Quod cujusc. univ.*

§ 2. *Créances résultant des délits.* — La personne juridique peut devenir créancière par suite de délits commis envers elle, comme en vertu des contrats passés en son nom.

Elle acquiert *ipso jure* les actions naissant à son profit de cette source.

Dans l'opinion même où l'on admet que les

(1) L. V, § 7, 0, *De pec. constit.*
(2) L. III, *De stipul. serv.*

personnes juridiques ne peuvent être obligées par les délits de leurs membres, on doit reconnaître qu'elles peuvent agir en réparation du tort qui leur est causé par les actes illicites des tiers. Il y a là, en effet, deux hypothèses complétement distinctes qui doivent entraîner une solution juridique différente.

§ 3. C'est un principe fondamental en cette matière, que la créance appartient à la personne morale et non aux membres de l'*universitas*, considérés *ut singuli*. Ulpien le traduit de la manière suivante : « *Si quid universitati debetur, singulis non debetur* (1). » L'intérêt de cette distinction entre le *corpus* et ses membres, que nous avons constaté déjà à propos du droit de propriété, n'est pas purement théorique.

Pour en voir la portée pratique, supposons une créance appartenant à la corporation. Le débiteur actionné par l'agent de la corporation, se trouvant être créancier de l'un des membres qui en font partie, pourra-t-il opposer la compensation de ce qui lui est dû par ce membre? La solution de cette question dépend précisément du principe posé par Ulpien : « *Universitati debetur, singulis non debetur.* »

L'*actor* répondra au débiteur qu'il doit à la corporation, être moral, et non à chacun de ses

_____
(1) L. VII, § 1, *Quod cujusc. univ.*

membres; qu'il ne pourrait opposer la compensation qu'autant qu'il aurait une créance à exercer
contre la corporation elle-même; que la circonstance qu'il est créancier d'un individu faisant
partie de la corporation ne peut par conséquent
pas le dispenser d'avoir à payer ce qu'il doit à
l'*universitas* (1)

§ 4. Il est difficile de parler des *universitates* et
des créances résultant pour elles des contrats passés en leur nom, sans dire un mot spécialement de
la *locatio in perpetuum*, connue sous le nom d'*emphytéose*. Quoique nous ne trouvions de textes relatifs à ce contrat qu'à propos des *agri vectigales*,
c'est-à-dire à propos des terres appartenant aux
cités (2), il est fort probable qu'il était adopté par
la plupart des corporations ayant le caractère de
personnes juridiques. En effet, il est plus simple
et plus commode pour une *universitas* de faire des
baux à long terme, que de renouveler souvent des
baux à courtes périodes. Si nous ne pouvons appliquer cette idée à tous les colléges ou corporations, du moins pouvons-nous penser que les
colonies et les centres moins importants comme

(1) La Cour de cassation (chambre civile) a appliqué ces principes
dans un arrêt du 14 mars 1860, en décidant que l'administration de
l'enregistrement ne pouvait repousser la demande en restitution
d'un droit perçu indument sur une société, en opposant la compensation de ce qu'un des associés pouvait devoir au fisc, lors *même que
le droit perçu à tort aurait été payé et serait redemandé par l'associé personnellement débiteur du fisc.*

(2) L. 1, *Si ager vectigalis*, liv. vi, tit. 8.

les *fora conciliabula* ou *castella*, ont sans doute suivi, à ce point de vue, le même mode d'adminis-tration que les *civitates*. On sait que l'*emphytéose* donnait au preneur le droit de jouir de la chose *in perpetuum* pour ses héritiers, droit qu'il con-servait tant qu'il payait au bailleur la redevance fixée, appelée *pensio* ou *canon*. Le preneur avait un droit réel sur la chose, et une action en reven-dication utile. Quant à la question de savoir si ce contrat était un louage véritable ou une vente, elle était incertaine à l'époque des jurisconsultes classiques. Gaius pensait que c'était un louage (1). L'empereur Zénon en fit un contrat à part qu'il appela *emphytéose* (2). L'Église, qui ne pouvait aliéner ses biens, les pouvait donner à emphytéose ; toutefois, ce ne pouvait être qu'une emphytéose temporaire qui ne devait être établie que sur trois têtes successives. Après ce temps, le bien revenait à l'Église ou à l'établissement propriétaire (3).

SECTION II.

Dettes.

§ 1. *Dettes nées des contrats ou quasi-contrats.* — 1° *Dettes résultant de contrats.* — On doit dis-tinguer, pour les dettes comme pour les créances, si c'est un esclave ou une personne libre, manda-

(1) Gaius, Comm., III, § 145.
(2) Zeno, L. I, C. *De jure emphyteutico.*
(3) Novelle VII, chap. 3.

taire de la corporation, qui s'est obligée pour elle.

Lorsque c'est un esclave, les tiers peuvent agir contre la corporation par les actions directes *quod jussu, exercitoria, institoria, de peculio.*

Les dettes contractées par un *extranea persona* au nom du *corpus*, ne donnent aux créanciers que les actions utiles contre le *corpus* (1).

La corporation était-elle toujours obligée par suite de l'engagement pris par son agent, ou n'était-elle tenue qu'autant que le contrat avait tourné à son profit ?

Nous pensons qu'il n'y avait pas de distinction à faire à cet égard et qu'elle était obligée dans un cas comme dans l'autre.

Il est vrai que les cités n'étaient obligées qu'autant qu'elles tiraient avantage des contrats passés par leurs mandataires ; mais c'était là une exception à la règle, un privilége spécial aux cités, qu'aucun texte, à notre connaissance, n'avait étendu aux autres *universitates* (2).

C'est ici le lieu de compléter la citation du fragment 7, § 1, *quod cujusc. univ.* Nous n'avons, en effet, eu besoin jusqu'ici que de la partie de ce texte relative aux créances. La pensée du jurisconsulte, relativement aux dettes, se complète ainsi : «*Nec quod debet universitas, singuli debent,*» c'est-à-dire que quand la corporation est débitrice, ses

(1) L. V, §§ 9, 10, *De pecun. constit.*
(2) L. XXVII, *De reb. cred.*

membres ne sont pas débiteurs, chacun pour partie.

De là cette conséquence que si on suppose l'un d'eux créancier d'un tiers, qui soit lui-même créancier de la corporation, ce tiers ne pourra opposer en compensation, à l'action du membre, ce qui lui est dû par la corporation. C'est exactement l'application aux dettes du principe posé en matière de créance.

2° *Dettes résultant des quasi-contrats.* — Il y avait certaines actions qui, tout en ne dérivant pas des contrats, produisaient les mêmes effets que si elles étaient nées des contrats. Nous en trouvons plusieurs mentionnées dans une loi qui suppose que le municipe peut être soumis aux actions *familiæ erciscundæ, finium regundorum* ou *pluviæ arcendæ* (1).

Ce qui est dit dans cette loi du municipe est également vrai des autres corporations ayant le caractère de personnes juridiques.

Qu'une hérédité ait été laissée à une *universitas* et à un tiers, ce tiers pourra agir contre l'*actor* du *corpus* pour arriver au partage de l'hérédité, par l'action *familiæ erciscundæ.* Que si l'*universitas* a un fonds voisin de celui d'un tiers, ce tiers, selon l'occasion, pourra avoir à exercer contre elle l'action en bornage, ou l'action *aquæ pluviæ arcendæ,* pour faire détourner de son propre fonds

(1) L. IX, *Quod cujusc. univ.*

les eaux pluviales qui lui causent du dommage.

Remarquons que le *judicium* est donné contre la personne morale et non contre chacun des membres du *corpus*. Cette distinction, qui se reproduit partout, parce qu'elle tient à l'essence même du sujet, offre ici un intérêt particulier. Nous laissons de côté pour le moment celui qui peut s'attacher à la rédaction de la formule.

Plaçons-nous dans l'hypothèse de l'action *finium regundorum* et supposons un instant les membres du *corpus* co-propriétaires par indivis des biens de l'*universitas*. Si l'un d'eux est propriétaire exclusif du fonds A contigu au fonds B, qui appartient en commun à lui et à ses collègues, Pomponius décide, dans une hypothèse semblable, que l'action *finium regundorum* ne peut être exercée par le propriétaire du fonds A, parce qu'il ne peut être l'adversaire de ses associés dans la propriété du fonds B; et il ne peut être leur adversaire par la raison qu'il est censé ne faire qu'un avec eux, *unius loco habentur* (1).

Dans sa plus simple expression, la pensée de Pomponius est que l'on ne peut exercer une action contre soi-même; ce qui a un certain rapport avec l'application que nous avons faite de la maxime *Nemini res sua servit* aux servitudes réelles appartenant activement ou passivement aux personnes juridiques (2).

(1) Loi de Paul, ıv, § 7, *Fin. regund.*
(2) Page 47.

Pour que le propriétaire du fonds A exerce l'action *finium regundorum* contre le *socius* du fonds B, le jurisconsulte ne voit que deux partis à prendre : c'est qu'il aliène le fonds A ou sa part dans le fonds B.

Si nous revenons maintenant à la réalité et à la personnalité juridique de l'*universitas*, en reconnaissant que l'être moral est seul propriétaire des biens pendant la durée du *corpus*, nous devrons conclure sans difficulté que le membre du *corpus* peut exercer l'action *finium regundorum* contre le *corpus* lui-même représenté par son *actor* ou *syndicus*.

§ 2. *Dettes résultant des délits.* — La première question qui se présente est celle de savoir si les personnes juridiques pouvaient être obligées *ex delicto*.

Au point de vue purement pénal, nous pensons qu'une corporation étant un être de fiction, ne peut être obligée par délit, parce qu'elle manque des deux éléments essentiels de la responsabilité qui doivent se trouver chez l'agent du délit, savoir : de la raison et de la liberté (1).

En second lieu, nous disons qu'on violerait le principe de la personnalité des peines, si l'on admettait que la décision de la majorité des membres

(1) M. Ortolan, *Traité de droit pénal.*

de l'*universitas* peut, en matière pénale, obliger tous les membres (1).

C'est ce qui nous semble résulter d'une constitution de l'empereur Majorien dont voici le texte :
« Nunquam curiæ a provinciarum rectoribus *ge-*
« *nerali condemnatione mulctentur,* cùm utique
« hoc suadeat et regula juris antiqui, ut noxa tan-
« tum caput sequatur, ne propter unius fortasse
« delictum, alii dispendiis affligantur (2). »

Le mot *mulctentur* réveille l'idée d'une peine, d'une amende publique qui, d'après la constitution elle-même, ne peut atteindre la personne morale. Si l'on oppose à l'opinion que nous soutenons un texte de Scœvola, qui décide que ce que la majorité des membres de la curie a délibéré, est censé avoir été décidé par tous les membres, nous répondons que Scœvola, en posant cette règle, n'a pu raisonnablement avoir en vue que les matières civiles et des actes licites.

Une seule peine peut frapper les corporations, c'est celle de la dissolution, et encore c'est là plutôt une mesure de sécurité publique, qu'une peine proprement dite.

La décision que nous donnons est conforme à

(1) C'est ce que M. de Savigny exprime sous une autre forme en disant qu'il serait contraire au principe fondamental du droit criminel qui consiste dans l'*identité du coupable et du condamné,* de punir la corporation elle-même pour le fait d'un de ses membres. Il suppose un membre d'une corporation qui aurait volé de l'argent pour alléger les charges de la caisse commune.

(2) Hugo, *Jus civile antejustianeum*, p. 1386, § 11.

celle de la loi XV, § I, *De dolo malo*, qui, en supposant un dol commis par des décurions, dit qu'on
ne pourra donner l'action de dol que contre les
décurions eux-mêmes auteurs du dol, et non contre
le municipe qu'ils représentent : « Et quid enim
« municipes dolo facere possunt, » ajoute Ulpien.

La loi IV, *De vi*, qui décide qu'un interdit pourra
être donné contre le municipe s'il a tiré profit de
la violence commise par ses membres, *si quid ad
cum pervenit*, est le complément nécessaire de cette
théorie. On pourra donc agir contre une *universitas*
à raison des délits commis par ses représentants,
jusqu'à concurrence du profit qu'elle en aura retiré.

Le principe posé par la loi IV offre une certaine
analogie avec celui qui, tout en admettant que les
peines sont personnelles et ne peuvent passer contre
les héritiers du délinquant, déclare ceux-ci tenus
quatenus locupletiores des délits de leurs auteurs.

CHAPITRE IV.

CAPACITÉ DES UNIVERSITATES EN MATIÈRE D'HÉRÉDITÉ AB INTESTAT OU TESTAMENTAIRE ET DE DONATIONS ENTRE-VIFS.

§ 1. *Hérédité ab intestat.* — Le fondement principal de ce droit qui est la parenté, fait défaut à
la personne juridique, qui, à raison de sa nature

abstraite, ne peut avoir cette relation avec les personnes (1).

Mais les corporations ayant des esclaves et pouvant les affranchir, ont pu, depuis Marc-Aurèle, revendiquer leur hérédité comme de véritables patrons à l'égard de leurs affranchis (2).

§ 2. *Hérédité testamentaire.* — En principe, les *corpora* sont incapables d'être institués héritiers.

La raison qu'en donne Ulpien au sujet des municipes, peut en effet s'appliquer aussi bien à toute autre *universitas.* Il nous dit qu'ils ne peuvent être institués héritiers : « Quoniam *incertum corpus est*, et *neque cernere universi*, neque pro herede gerere possunt, ut heredes fiant (3). »

Nous traduisons ce texte de la manière suivante : La corporation étant un être de raison et de pure fiction, *incertum corpus*, ne peut, à raison de sa nature, ni faire crétion, ni faire adition d'hérédité par des actes de gestion lesquels nécessitent la présence de la personne elle-même qui est instituée.

Incertum corpus ne veut pas dire que l'*universitas* est une personne incertaine, car la personne incertaine est celle dont le testateur ne peut avoir une idée précise, comme par exemple quand il a institué la première personne qui viendra à ses funérailles ou celle qui donnerait sa fille en mariage

(1) De Savigny, liv. 11, chap. 2.

(2) L. 11, *De manumiss.*

(3) Ulp., Regul., tit. 22, § 5.

à son fils (1). Or, quand il s'agit d'un municipe ou d'une corporation, le testateur pouvait avoir en vue, d'une manière très-certaine et très-nette, telle cité ou telle corporation déterminée.

Neque cernere universi est la suite de la même idée, car si on s'arrêtait au sens littéral, il n'y aurait rien en fait d'absolument impossible à ce que tous les membres de la corporation se réunissent pour faire la crétion ou pour faire acte d'héritiers.

C'est un sénatus consulte dont le texte et la date nous sont inconnus, qui a permis aux municipes d'être institués héritiers par leurs affranchis (2).

D'où il suit que les municipes sont restés dans l'incapacité de recueillir des hérédités venant des tiers; et que, quant aux autres corporations, elles n'ont pu être instituées par personne, à moins que des priviléges spéciaux no les eussent relevées de leur incapacité (3).

Sous l'empereur Léon, tous les municipes, toutes les *civitates* reçoivent la capacité d'être institués héritiers vis-à-vis de tous (4).

L'incapacité des autres *corpora* subsiste à cet égard, aucune loi, aucune constitution ne les

(1) *Institutes*, liv. II, tit. 20, § 25.
(2) Ulp., *Fragm.*, xxII, § 5. — L. 1, § 1, *De lib. univ.*
(3) L. VIII, au Code, *De hered. instit.*
(4) L. XII, au Code, *De hered. instit.*

ayant déclarés en principe capables d'être institués héritiers.

§ 3. *Hérédité fidéicommissaire.* — Nous avons parlé d'un sénatus-consulte qui a conféré aux municipes la capacité d'être institués héritiers.

Cette innovation a trait aussi bien aux hérédités fidéicommissaires, qui, à partir de cette époque, ont pu être laissées aux municipes. Elle se trouve confirmée par un texte d'Ulpien qui forme la loi VI, § 4, au Digeste, *Ad. S. C. Trebell.*

Les textes ne reconnaissant cette capacité qu'aux municipes, nous en concluons que les *corpora* en général ne pouvaient recevoir des hérédités, pas plus par fidéicommis que directement.

§ 4. *Bonorum possessio.* — Ce mode d'acqui-sition *per universitatem* du droit prétorien con-vient aux municipes, aux sociétés, aux collèges et aux corporations. Un texte leur reconnaît for-mellement le droit d'en user (1).

L'actor de l'universitas ou un tiers à son défaut peut *agnoscere bonorum possessionem* au nom de *l'universitas.* Le préteur peut même d'office, en vertu de son édit, conférer la *bonorum possessio* à un municipe (2).

Le même jurisconsulte, qui nous a enseigné que les corporations pouvaient acquérir la posses-

---

(1) L., III, § 4, *De bon. possess.*
(2) *Id.*

sion et usucaper par leurs esclaves ou même par
une personne libre (1), nous dit encore qu'elles
peuvent acquérir la possession de biens par un
tiers, parce qu'il est de principe qu'à la différence
de l'adition d'hérédite, la possession de biens peut
être acquise par autrui (2).

Cependant, l'objection consistant à dire que les
corpora ne peuvent consentir, *movet enim quod
consentire non possunt*, conservait sa force; mais
Ulpien y répondait en disant que, par les mêmes
raisons qui avaient fait décider par le sénat que
l'hérédité fidéicommissaire pourrait être restituée
aux corporations, et que celles-ci pourraient
recueillir l'hérédité qui leur aurait été laissée par
leurs affranchis, il fallait admettre qu'elles pourraient demander la possession de biens.

Toutefois c'est une question controversée que
celle de savoir si les municipes ont pu recueillir
des hérédités par la voie de l'*agnitio bonorum* alors
qu'ils ne pouvaient pas encore être institués héritiers. Nous penchons pour l'affirmative, contrairement à l'opinion professée sur ce point par M. de
Savigny.

§ 5. *Capacité des municipes et autres personnes
juridiques quant aux legs et fidéicommis à titre
particulier.* — 1° *Legs.* — A l'origine, les *universitates* étaient dans l'incapacité de recevoir des

(1) L. II, *De adquir. vel amitt. possess.*
(2) Loi unique au Dig., *De libertis univers.*, § 1.

legs ou des fideïcommis. Ce n'est que sous l'empereur Nerva qu'on a pu léguer aux cités. Ce droit
nouveau est confirmé par un sénatus-consulte
sous Adrien (1).

C'est à l'occasion d'un legs *per vindicationem*
fait à une colonie que nous trouvons dans Gaïus
la controverse qui s'était élevée entre les Procu-
liens et les Sabiniens sur le point de savoir si le légataire devenait propriétaire à compter de l'a-
dition d'hérédité, à son insu et malgré lui, ou s'il
ne le devenait que quand il avait connu et accepté
le legs (2)

Nous avons déjà cité ce texte pour démontrer
que la colonie était une personne juridique.

Un sénatus-consulte rendu sous Marc-Aurèle
ayant permis de faire des legs à toutes les corporations, il n'est pas douteux, d'après le jurisconsulte Paul, que tout legs fait depuis cette époque
à une corporation ayant l'existence légale, *cui licet coire*, ne soit parfaitement valable (3).

Que faut-il penser si le legs a été fait à un *corpus
cui coire non licet, non autorisé*, comme nous dirions
aujourd'hui ?

Le legs n'est pas valable, avec cette restriction
qu'il importe de noter : « *Nisi singulis legetur.* »

(1) Ulp., Regul., tit. 24, § 28.
(2) Gaïus, Comm., II, § 195.
(3) Il est à noter qu'à Rome une fois l'autorisation accordée à un corpus de se réunir, il ne lui est pas nécessaire d'obtenir comme chez nous une autorisation spéciale pour recevoir des tiers.

En effet chacun des membres qui composent le *corpus* considérés *ut singuli* est capable de recevoir, et si le legs peut être interprété en leur faveur, il sera valable. Paul complète sa pensée quant à la capacité individuelle des membres, opposée à l'incapacité du *corpus*, quand il ajoute : « Iii enim, non quasi collegium, sed quasi certi homines, admittentur ad legatum (1). »

C'est suivant le principe écrit dans la loi XX qu'il faut interpréter une loi du Code, qui, supposant un legs fait à une *universitas* de Juifs, déclare ce legs nul. Il faut entendre que cette *universitas* n'avait pas permission de se rassembler, *cui coire non licebat*, et ne formait par conséquent pas une personne morale capable de recevoir (2).

2° *Fideicommis à titre particulier.* — Il existe un fragment important de Scœvola, où il est question d'un fideicommis au profit d'un temple, qui peut être regardé dans l'espèce supposée comme une véritable personne juridique.

L'hypothèse rapportée par Scœvola est la suivante : Une femme a laissé un fideicommis en ces termes : « Je charge celui qui sera mon héritier de donner après ma mort, sur le revenu de mon auberge et de ma grange, au prêtre, au gardien et aux affranchis qui seront dans ce temple, dix

(1) L. XX, *De reb. dub.*
(2) L. XX, *De annuis legatis.*

deniers payables le jour du marché que j'ai fixé (1). »

On demandait d'abord si les dix deniers étaient dus seulement aux personnes désignées, vivantes au temps où le legs avait été fait, ou s'ils étaient dus aussi à ceux qui leur auraient succédé ou leur succéderaient dans leurs fonctions.

La réponse à ce premier point était que la testatrice n'avait voulu que désigner la fonction ou le ministère de ceux qu'elle avait appelés à recueillir le fidéicommis, *ministerium nominatorum designatum ;* mais que du reste elle avait voulu faire profiter le temple lui-même, *cæterum datum templo.*

A cette seconde question : Les dix deniers sont-ils dus pour l'année seulement, ou le temple est-il créancier de cette somme *in perpetuum*, le jurisconsulte répondait que le temple était créancier *in perpetuum.*

Nous avons dit que le temple était ici en réalité une personne juridique. En effet le fidéicommis n'est pas destiné à tel ou tel individu pour un temps plus ou moins long. La disposition est indépendante de toute idée de personne ou d'individu ; c'est le temple même qui est le bénéficiaire ; les gardiens, prêtres ou affranchis ne sont que des instruments d'acquisition, *ministerium nominatorum,* comme dit Scœvola.

---

(1) L. 1, au Code, *De Judæis.*

Au fond, cette disposition n'est autre chose que ce que nous appelons aujourd'hui une fondation à perpétuité.

§ 6. *Donations entre-vifs ou à cause de mort.* — Il est remarquable que, dans les textes qui parlent des dispositions faites en faveur des cités, il n'est presque jamais question des donations entre vifs. Cela ne veut pas dire que les cités et les corporations ne pussent pas recevoir de cette manière, à partir du moment où l'on admit qu'elles purent posséder.

En effet les *universitates* pouvaient se faire représenter par leurs *actores* ou *syndici* dans la tradition des objets donnés, comme elles se faisaient représenter en justice ou pour la réception des cautions.

On peut peut-être s'expliquer la rareté des dispositions entre vifs au profit des *corpora* par ce motif que l'homme de son vivant éprouve peu le besoin de se dépouiller au profit d'un être abstrait comme une cité, préférant d'ailleurs réserver ses largesses pour l'heure de sa mort.

Cette tendance du cœur humain, qui est de tous les temps, existait si bien à Rome, qu'on avait laissé aux citoyens la liberté d'affranchir leurs esclaves entre vifs, tandis qu'on avait cru devoir restreindre la même faculté dans les dispositions testamentaires.

CHAPITRE V.

DROITS PRIVILÉGIÉS DES CORPORATIONS ET DE LA PERSONNE JURIDIQUE DU FISC.

Après avoir examiné les droits dont les personnes juridiques sont capables d'après le droit commun, voyons ceux qui constituent pour elles des priviléges spéciaux. Ils sont qualifiés de *jura singularia*.

Les uns sont accordés par une concession spéciale à tel *collegium* ou à tel *corpus*, comme par exemple le privilége d'être institués héritiers (1). Les autres sont accordés une fois pour toutes à une certaine nature de personnes juridiques par des sénatus-consultes, des lois ou des constitutions impériales et rentrent dans le droit particulier à ces personnes.

On ne doit pas confondre avec les priviléges concédés aux corporations ceux qui sont accordés individuellement aux membres qui la composent. C'est ainsi que les priviléges, consistant dans les causes d'excuse de la tutelle, attachés à la qualité de membres de certaines corporations, ne sauraient trouver place ici (2).

Parmi les personnes juridiques qui sont pour-

---

(1) Loi VIII, au Code, *De hered. instit.*

(2) L. XVII, § 2, XLI, § 3, *De excus.* — *Fragm. Vatic.*, §§ 191, 233, 237. — L. V, § 12, *De jure minum.*

vues des priviléges les plus nombreux, nous trouvons :

1° Le fisc ;

2° Les *civitates* ou *municipia*.

§ 1. *Droits privilégiés du fisc.* — Nous ne pouvons les énumérer tous ; d'ailleurs nous traitons
surtout des corporations, et le fisc n'est pas une
corporation. Nous citerons donc les principaux.

Et d'abord, quelle est la raison de ces priviléges ?

Elle est donnée dans une constitution des empereurs Arcadius et Honorius, qui refuse aux débiteurs du fisc le droit d'appel : « *Et publicarum
necessitatum, et privati ærarii deposcit utilitas,* »
disent les empereurs (1).

Cette raison se retrouve encore dans une autre
constitution qui, supposant un débiteur du fisc,
lequel est insolvable, décide qu'on obligera le débiteur de ce débiteur à payer au fisc ce que doit ce
dernier, quand même le terme ne serait pas encore
arrivé : « *Ob necessitates publicas causam fisci po-
tiorem esse oportet,* » disent les empereurs Dio-
clétien et Maximien (2).

C'est donc l'intérêt public qui exige que le fisc
jouisse de droits tout exceptionnels. De là la concession qui lui est faite d'une hypothèque générale

(1) L. VIII, au Code, Quorum appell. non recip.

(2) Loi I, *De cond. ex lege,* au Code.

tacite sur les biens de ses débiteurs (1), la faveur
qui fait que le pacte d'*addictio in diem* est toujours
sous-entendu dans les ventes faites par le fisc (2);
que des intérêts lui sont dus de plein droit, quand
il devient titulaire d'une créance qui n'en pro-
duisait pas (3); que ses biens ne peuvent être
usucapés (4); qu'il n'est pas tenu de fournir la
cautio legatorum, «*quia nec solet fiscus satisdare,*»
dit Ulpien (5).

Depuis Marc-Aurèle, les acheteurs du fisc, en
les supposant de mauvaise foi, pouvaient, au bout
de cinq ans, repousser la revendication du propriétaire.

L'empereur Zénon étend ce privilège à tout
ayant cause du fisc, acheteur, donataire, etc., qui
devient instantanément propriétaire, sauf le recours des ayants droit contre le fisc pendant quatre
ans (6).

Enfin, quand une hérédité est vendue au nom
du fisc, il ne reste pas tenu vis-à-vis des créanciers
héréditaires. Les dettes passent à la charge de l'a-
cheteur qui seul peut être poursuivi, ce qui est
rapporté par Gaïus (7).

---

(1) L. I et II, au Code, *In quibus causis pignus*.
(2) L. IV, au Code, *De fide et jure*.
(3) L. XLIII, *De usuris*, au Dig.
(4) L. II, C. comm., *De usucap*.
(5) L. I, § 18, *Ut legat.*, au Dig.
(6) *Institutes*, liv. II, tit. 6, § 14.
(7) Gaïus, Comm., II, § 85. — L. I, *De hered. vend.*, au Code.

§ 2. *Droits privilégiés des cités.* — Les cités avaient aussi certains privilèges dans l'exercice de leurs droits.

Elles jouissaient d'un droit exceptionnel qui, par son importance, domine tous les autres. Elles avaient la ressource de la *restitutio in integrum* (1).

Il y avait aussi pour elles un droit exceptionnel en matière d'obligations.

La simple *pollicitatio*, c'est-à-dire une offre non suivie d'acceptation, suffisait pour obliger les tiers envers elles. S'il s'agissait d'une somme d'argent qui eût été promise à la cité, des intérêts lui étaient dus de plein droit par le promettant en demeure, quand même il n'en aurait pas été stipulé.

Il fallait, toutefois, en principe, qu'il y eût une cause à l'offre faite ; mais quand même il n'y en aurait pas eu, le pollicitant se trouvait lié, si ayant promis à la cité la confection d'un ouvrage, cet ouvrage avait été commencé par la cité elle-même en vue de la promesse qui lui avait été faite (2).

Les cités ont cent ans pour demander ce qui leur a été laissé à titre de don ou de legs (3).

Ceux auxquels des travaux publics ont été confiés, ou auxquels on a prêté de l'argent pour faire des constructions pour le compte d'une cité, sont tenus pendant quinze ans, eux et leurs héritiers,

(1) L. IV, *Quibus ex causis*, au Code.
(2) L. I, *De pollicit.*, au Dig.
(3) L. XXIII, au Code, *De sacros. Eccles.*

des vices des constructions qu'ils sont tenus de
réparer sur leur propre patrimoine (1).

Enfin, la cité ne peut être tenue en vertu d'un
mutuum qu'autant qu'elle a tiré profit des espèces
reçues; autrement ceux-là seuls sont obligés, qui
ont contracté le *mutuum* au nom de la cité (2).

§ 3. *Corporations privilégiées*. — Certains colléges ou corporations, qui tenaient de la loi la faculté de se réunir, ne payaient pas d'impôts. Un
pareil privilége était concédé à raison de l'industrie
des membres de ces corporations qui venaient en
aide dans une certaine mesure aux besoins publics.
Ils devaient donc travailler pour pouvoir en jouir
et être intéressants du reste par leur position de
fortune (3).

La corporation des pilotes ou bateliers recueil-
lait, de préférence au fisc, l'hérédité de ceux de
ses membres qui venaient à mourir sans enfants
et sans successeurs (4).

De même la succession d'un membre d'une légion ou d'une cohorte allait, à défaut d'héritiers
légitimes, à la légion ou à la cohorte dont il faisait
partie (5).

Les institutions de bienfaisance, de charité et de

(1) L. VIII, *De oper. pub.*, au Code.
(2) L. XXVII, *De reb. cred.*
(3) L. I, § 13, au Code, *De jure immun.*
(4) L. I. au Code, *De hered. decur.*
(5) L. II, III, *ib.*

piété, qualifiées *pia corpora* par les commenta-
teurs, sont l'objet de nombreux priviléges depuis
les empereurs chrétiens.

C'est ainsi que les églises, les monastères, les
hospices d'enfants, de vieillards, ont pendant cent
ans la revendication de ce qu'on leur a donné ou
légué (1).

La loi XXV, *De episc. et cleric.*, contient des
dispositions très-favorables à la validité des dispositions faites au profit de Jésus-Christ, d'un ar-
change ou d'un martyr : innovations au vieux
droit classique, qui n'admettait pas en principe
que les dieux pussent directement recevoir des
libéralités.

Une autre constitution dispose que ce qui a été
laissé au profit des pauvres par testament ou codi-
cile ne doit pas être considéré comme laissé à des
personnes incertaines, mais doit être ratifié et doit
valoir dans tous les cas (2).

Justinien soustrait à l'application de la loi Falci-
die les dispositions faites au profit de captifs pour
leur rachat (3); mais il n'y a plus ici en jeu aucune
corporation.

Les Institutes nous apprennent que ceux qui dif-
fèrent à exécuter les legs ou les fidéicommis faits
aux églises ou à d'autres lieux vénérés, sont con-

(1) L. XXIII, au Code, *De sacros. Eccl.*
(2) L. XXIV, *De episc. et cleric.*, au Code.
(3) L. XLIX, *De episc. et cler.*, au Code.

damnés au double (1). L'héritier qui n'exécute pas les legs pieux faits par le testateur perd tout droit à la quarte falcidique (2). La loi XIV au Code *De sacros. Eccl.*, veut que les biens acquis à l'Eglise soient inaliénables.

La loi XVII ne permet aux églises et aux monastères de vendre ou d'emprunter que pour se libérer de dettes provenant de successions, pour racheter une chose plus nécessaire, ou pour restaurer leurs bâtiments.

(1) *Institutes*, liv. iv, tit. 6, § 10.
(2) Novelle CXXXI, chap. 12.

TROISIÈME PARTIE.

❖

COMMENT FONCTIONNENT LES CORPORATIONS.

CHAPITRE I.

STATUTS DES CORPORATIONS. — CONDITIONS POUR EN FAIRE PARTIE. — DÉLIBÉRATIONS, ETC.

§ 1. Pour que l'ordre, la discipline et une sage administration président à la marche d'une asso‑ ciation, il faut nécessairement qu'une règle soit posée *à priori*. Cette règle fixe le but de l'associa‑ tion, les rapports des membres entre eux, et en un mot toutes les dispositions essentielles et fonda‑ mentales contenues dans ce pacte auquel on a donné le nom de *statuts*. Les *statuts* sont la loi de la corporation, et à Rome comme de nos jours, ceux qui se réunissaient en collèges avaient la faculté d'en dresser.

« Sodalibus... potestatem facit lex, pactionem

« quam velint sibi ferre, » nous dit Gaius (1).

Les particuliers groupés en corporations pouvaient se mouvoir comme ils le voulaient dans la sphère des intérêts privés et faire entre eux telle convention que bon leur semblait. Toutefois ils devaient respecter l'ordre public, et l'autorité s'interposait pour refuser son adhésion à des statuts proposés par un collége, s'ils présentaient quelque chose de contraire à la sécurité de la République : « Ne quid ex publica lege corrumpant. »

Gaius ajoute que la loi qui s'exprime ainsi paraît avoir été traduite d'une loi de Solon, qui après avoir cité des personnes de même profession pouvant former des compagnies ou corporations, porte ce qui suit : « Quidquid hi (sodales) « disponunt invicem, firmum sit, nisi hoc pu- « blicæ leges prohibuerint. » Mais quelle était l'autorité compétente pour approuver ou rejeter les statuts des corporations ou sociétés publiques? Etait-ce l'empereur lui-même qui en prenait connaissance dans son *consistorium*, conseil privé où se traitaient les affaires gouvernementales et d'administration publique? Quoiqu'il n'y ait rien d'invraisemblable dans cette conjecture, nous n'oserions l'affirmer de peur de confondre les idées romaines avec nos idées contemporaines.

Il est possible que l'approbation du président de la province fût suffisante pour sanctionner les

(1) L. IV, *De colleg. et corpor.*

statuts des corporations qui se formaient dans les provinces. Toutefois une lettre de Pline à l'empereur Trajan pourrait faire penser le contraire.

§ 2. On était libre de se choisir les collègues que l'on voulait quand on créait une *universitas*; toutefois il est probable que, pour constituer certaines sociétés comme celles ayant pour objet le fermage des impôts publics, il fallait que les associés présentassent certaines garanties de solvabilité et de moralité.

Les *societales vectigalium* avaient au surplus des règles tout à fait à part.

Pour faire partie des sociétés ayant pour objet l'exploitation des mines, des garanties de solvabilité étaient sans doute nécessaires, car on exigeait des exploitants le payement d'un certain droit à raison du poids et de la quantité de minerai extrait (1).

Pour faire partie de la curie, il fallait aussi remplir plusieurs conditions : c'est ainsi qu'il fallait être *municips* ou *incola*, avoir un certain âge et une certaine fortune.

Certaines causes empêchaient absolument d'être élevé à la dignité de *décurion* (2).

Quant à la faculté d'exclure de la corporation un *sodalis* ou un membre du *corpus* qui pouvait,

(1) L. II, *De metallariis*, au Code.
(2) L. VI, *passim*, *De decur*.

par sa conduite ou son incapacité, y apporter le désordre, nous pensons qu'elle appartenait à la majorité des membres du *corpus*.

Cette exclusion qui n'entraînait pas en principe la dissolution de la société n'avait pas la même conséquence que dans une *societas privata* où la perte d'un seul membre pouvait être une cause de dissolution. On sait en effet que l'industrie et l'activité d'un seul membre ayant pu déterminer la formation d'une société ordinaire, suffisaient pour qu'elle fut éteinte quand ce membre venait à manquer.

Il est vrai qu'il pouvait en être de même pour la *societas vectigalium*, quoiqu'en principe dans cette société les héritiers des associés succédassent à leurs auteurs, si l'industrie du membre décédé faisait marcher toute la société et qu'on ne retrouvât pas la même capacité chez l'héritier (1).

§ 3. Il est difficile de retrouver dans l'histoire des corporations les règles qui pouvaient exister sur la forme et les jours de leurs réunions. C'étaient plutôt des usages que des règles écrites pour la plupart d'entre elles, surtout pour les *universitates inordinatæ* dont l'organisation n'était pas bien définie. Or, les usages ont laissé peu de traces dans l'histoire de ces institutions. Nous avons vu cependant que les *collegia tenuiorum*, qui étaient autorisés à faire une cotisation mensuelle

(1) L. LIX, *Pro socio.*

ne pouvaient se réunir qu'une seule fois par mois, et que l'empereur Sévère avait étendu cette prescription aux corporations de Rome, de l'Italie et des provinces. On craignait, avons-nous dit, que, sous le prétexte et à l'ombre de ces réunions, les esclaves et autres personnes composant la classe des *tenuiores* ne formassent des colléges illicites, qui auraient été funestes à l'Etat.

§ 4. Nous avons déjà abordé accidentellement la question de savoir comment les décisions devaient être prises par les corporations et particulièrement par les décurions. Fallait-il l'unanimité des membres ? La majorité était-elle suffisante pour la validité des délibérations ? Comment cette majorité devait-elle se composer ?

Nous avons pensé que le vote de la majorité devait, en règle générale, être l'expression de la volonté de la corporation.

En premier lieu, il parait conforme au droit naturel que la majorité fasse la loi à la minorité.

D'un autre côté, il y a un grand intérêt pratique à ce que la majorité des membres puisse décider les questions qui intéressent la corporation tout entière, attendu qu'exiger le consentement de l'unanimité des membres, ce serait dans la réalité paralyser l'action de la corporation.

Des textes nombreux viennent à l'appui de ce système, du moins en ce qui concerne les délibérations de l'*ordo decurionum*.

6

Il résulte de ces textes que les décrets rendus par les décurions n'étaient valables qu'autant que l'assemblée était composée d'un certain nombre de membres, *legitimo numero coacto* (1); or, en vertu de la loi municipale, le *numerus legitimus* n'existait, et il n'y avait d'*ordo* légalement constitué, que quand les deux tiers des membres étaient présents, « *duabus partibus adhibitis*, » ce que la loi III, *Quod cujus univ.*, vient confirmer (2).

La composition régulière et légale de l'*ordo* était donc des deux tiers des membres qui composaient l'*ordo* tout entier : d'où les membres composant le dernier tiers de l'*ordo*, qui n'étaient pas présents à la délibération, ou qui, étant présents, avaient voté dans un sens opposé à la majorité, étaient cependant obligés par sa décision.

On peut voir la confirmation de ces principes dans plusieurs textes qui se rapportent à l'*ordo*, mais dont l'un étend l'application à d'autres *universitates* (3).

Au surplus, pour en faire l'application à toutes les corporations en général, nous pouvons invoquer ce fragment d'Ulpien déjà cité : « *Refertur ad universos quod publice fit per majorem partem* (4). »

---

(1) L. II, *De decur. ab ord. fac.*

(2) Loi III, *id.*

(3) L. XIX, *Ad municip.* — L. CXLII, C. Theod., *De decur.*, liv. XII, chap. 1.

(4) L. CLX, § 1, *De reg. juris.*

CHAPITRE II.

CAPACITÉ DES CORPORATIONS POUR FIGURER EN JUSTICE. — REPRÉSENTATION.

La nature toute de fiction de la personne juridique l'empêche de figurer par elle-même en justice. Quand elle a des droits à poursuivre, ou qu'elle doit défendre aux actions dirigées contre elle, elle ne peut que nommer des agents pour la représenter *in judicio*. Ces agents portent le nom d'*actores* ou de *syndici*.

L'*actor* est nommé pour une cause spéciale et pour soutenir un procès déterminé.

Le *syndicus* est un mandataire général *ad lites* chargé de représenter la corporation dans tous les procès qui peuvent naître (1).

Paul nous dit que de son temps on nomme plutôt des syndics, mais que du reste cela dépend de l'usage des lieux (2). La nomination de l'*actor* et du *syndicus* des cités était faite par les décurions à la majorité des voix.

Les *duumvirs*, magistrats de la cité, pouvaient aussi les nommer en vertu d'une délégation de l'*ordo decurionum*.

Quand les décurions nommaient eux-mêmes l'*actor*, en supposant que l'un d'eux eût été

(1) L. I, § 1, Quod cujusc. univ. — L. VI, § 1, id.
(2) Id.

nommé, on s'était demandé si celui-là avait pu régulièrement figurer dans l'assemblée de l'*ordo* parmi les membres qui avaient pris part à la nomination.

On avait décidé l'affirmative (1), contrairement à la solution donnée pour le préteur, qui ne pouvait ni se donner lui-même comme tuteur, ni se constituer juge ou arbitre en vertu de sa propre sentence (2).

Ce que nous venons de dire, à propos des cités et de leurs représentants, peut-il s'appliquer à toutes les *universitates*, en tenant compte de leur nature et de leur organisation différentes?

On ne peut former sur ce point que des conjectures. Ulpien, dans son commentaire sur l'édit du préteur, pose un principe fondamental sur la représentation des personnes juridiques : « Si municipes, vel *aliqua universitas*, ad agendum det actorem, non erit dicendum quasi a pluribus datum sic haberi : hic enim *pro republica* vel *universitate* intervenit, *non pro singulis* (4). »

Voyons ce qui ressort de ce principe au point de vue de la rédaction de la formule délivrée à l'agent de l'*universitas*.

Gaïus nous dit que, lorsqu'une personne intente une action *alieno nomine*, l'*intentio* de la formule

(1) L. III, *Quod cujusc. univ.*
(2) L. IV, *id.*
(3) L. IV, *De tutoribus.*
(4) L. II, *Quod cujusc. univ.*

doit être conçue *ex persona domini*, tandis que la *condemnatio* doit être dirigée *in suam personam.* Cela étant posé, comment l'*intentio* de la formule délivrée à l'*actor du corpus* sera-t-elle conçue? Ceci dépend de la question que nous venons de voir tranchée par la loi précitée. En effet, si, au lieu de décider que l'*actor* ou *syndicus* est vraiment nommé par la corporation, nous décidions qu'il est nommé par les membres de l'*universitas, ut singuli,* nous dirions que l'*intentio* doit être conçue au nom de chacun des membres; puisque c'est l'*universitas,* personne juridique qui est censée avoir nommé elle-même l'agent, *hic enim pro universitate intervenit, non pro singulis,* l'*intentio* de la formule sera rédigée *ex personâ universitatis,* si l'on peut ainsi parler.

L'*actor* ou le *syndicus* pouvait être constitué *ad agendum* ou *ad defendendum.*

§ 1. Quand il était constitué *ad agendum,* il n'était pas tenu de donner la caution *de rato* ou *rem ratam domini habituram* (1).

Toutefois il faut à cet égard distinguer les époques.

Avant le règne d'Alexandre Sévère, tout *procurator,* et par conséquent l'*actor,* qui n'est qu'un *procurator* (2), doit donner la caution *de rato,* par la raison que le *procurator* quel qu'il soit ne repré-

---

1) L. VI, § 3, *Quod cujusc. un. ir.*
2) *Id.*

sente pas le *dominus litis* et qu'il y aurait danger
que ce dernier n'agît de nouveau, n'étant pas lié
par l'action de son procureur (1).

A cette même époque, et en conséquence de la
même idée, l'action *judicati* appartient à l'*actor* ou
au *syndicus*, et non au *dominus* ou à l'*universitas*.

Le *cognitor*, au contraire, n'a aucune caution à
donner; il représente véritablement *in judicio* le
dominus litis auquel compète l'action *judicati*, auquel l'*exceptio rei judicatæ* est opposable suivant
l'issue du procès.

Depuis Alexandre Sévère, il faut distinguer le
procurator præsentis ou constitué *apud acta* et le
procurator absentis.

Le premier est assimilé au *cognitor*, d'où les
conséquences que nous avons vues au point de vue
de la caution *de rato*, de l'action *judicati* et de l'exceptio rei judicatæ*.

Le *procurator absentis* ne représentant pas le
dominus, doit donner la caution de *rato*, etc. (2).

Il est facile de voir qu'on a appliqué à l'*actor*
d'une *universitas* les principes relatifs au *procurator præsentis* ou constitué *apud acta* (3).

Toutefois l'*actor* n'est pas dispensé de donner la
caution de *rato* quand il y a incertitude sur le décret qui l'a nommé, par exemple si ce décret n'a
pas été enregistré. Alors en effet l'*actor* est dans

---

(1) Gaius, Comm., IV, § 98.
(2) *Fragm. Vatic.* §§ 331, 333, *in fine*, § 332.
(3) L. VI, § 3, *Quod cujusc. univ.*

la position d'un *procurator* qui n'aurait pas été constitué *apud acta*. Nous déduisons cette conséquence de la loi VI, § 2, *Quod cujusc. univ.*, dans laquelle Paul s'exprime ainsi : « Sed interdum si de « decreto dubitetur, puto interponendam et de « rato cautionem. »

La décision de cette loi offre à cet égard la plus grande analogie avec celle donnée par Ulpien au sujet du tuteur dans la loi 23, *De adm. tut.*

Le texte de la loi VI nous dit que l'*actio judicati* compétera à l'*actor* s'il a été constitué *procurator in rem suam*. Il ne peut y avoir difficulté sur ce point.

En supposant un simple *negotiorum gestor* qui ait exercé les actions de la corporation, doit-on décider qu'il les a exercées valablement ?

Des jurisconsultes pensaient qu'un *negotiorum gestor* agissant de bonne foi et qui avait donné la caution de *rato* pouvait être considéré comme un *procurator* régulièrement constitué (1). On peut considérer que cette doctrine, qui n'était pas celle de Julien (2), n'était pas non plus la doctrine généralement adoptée (3).

Notre loi VI répond à une question qu'on aurait pu se poser : celle de savoir si l'*actor* nommé *ad agendum* pouvait, sans un mandat nouveau, répondre à une demande reconventionnelle.

(1) Gaius, Comm., IV, § 84.
(2) L. VI, § 13, *De neg. gestis.*
(3) L. XXXV, XL, § 1, XLI, *De procur.*.

Il nous semble que si un doute avait pu s'élever pour l'*actor*, il n'aurait pu s'élever pour le *syndicus* chargé de soutenir tous les procès de l'*universitas*, soit en demandant, soit en défendant. C'est peut-être aussi pour ce motif que la loi VI ne parle à ce propos que de l'*actor*. Elle s'exprime ainsi : « Actor universitatis si agat, compellitur etiam defendere. »

§ 2. *Actor* ou *syndicus ad defendendum.* — L'*actor* ou le *syndicus*, défendant au nom de l'*universitas*, devait toujours donner la caution *judicatum solvi*, sans distinguer la nature de l'action, à raison de la règle : « Nemo defensor in aliena re sine satisdatione idoneus esse creditur (1). »

Sous Justinien, en principe, on distingue si le *dominus litis* est présent ou absent.

S'il est présent et qu'il constitue lui-même son *procurator in judicium*, il doit donner aussi lui-même la caution *judicatum solvi*. Il se constitue ainsi le fidéjusseur de son *procurator.*

Que si le *dominus litis* est absent, la caution *judicatum solvi* est donnée par le *procurator pro omnibus clausulis*, le *dominus* étant toujours son fidéjusseur.

Les personnes morales étant incapables de se présenter elles-mêmes *in judicio*, une décision de

(1) Institutes, liv. IV, tit. 11, § 1.

la majortié des membres de l'*universitas* confie à un *actor* le soin de s'y présenter pour donner la caution *judicatum solvi* ; et dans ce cas l'action *ex stipulatu* utile est donnée contre l'*universitas.* Si la majorité des membres de l'*universitas* n'a pas constitué l'*actor* et qu'il ait pris sur lui de donner la caution dont il s'agit, on n'aura d'action que contre lui.

§ 3. Ce qui vient d'être dit relativement à la caution *judicatum solvi* s'applique également aux différentes stipulations prévues par la loi X, *Quod cujusc. univ.*, et à l'*operis novi nunciatio.* Il est parlé de ces stipulations seulement à l'occasion du municipe, mais il est évident qu'elles pouvaient intervenir à l'occasion d'une autre *universitas.*

La loi X, en supposant qu'un *actor* peut être constitué *ad operis novi nunciationem*, suppose que l'*universitas* a une propriété voisine d'un immeuble sur lequel le propriétaire construit une maison ou tout autre ouvrage. L'*universitas* prétend qu'il n'en a pas le droit et fait faire sommation au propriétaire voisin qu'il ait à discontinuer ses travaux. S'il veut les continuer, il doit donner caution que s'il perd son procès dans l'action confessoire que dirigera contre lui le *corpus*, il démolira ses ouvrages.

C'est l'*actor* de la corporation qui reçoit cette caution, encore bien qu'il soit préférable que ce soit un esclave du *corpus* qui la reçoive et qui in-

tervienne aussi comme stipulant dans les cautions
damni infecti, legatorum et *judicatum solvi* (1).

Quand l'*actor* reçoit ces cautions au nom d'une
cité, c'est le magistrat administrateur de la cité
qui exerce les actions utiles qui en dérivent.

———⊙———

CHAPITRE III.

DISSOLUTION DES COLLÉGES ET CORPORATIONS.

Les personnes juridiques qui, à raison de leur
nature artificielle, peuvent durer perpétuellement,
sont soumises à différentes causes d'extinction.

Ces causes, que nous allons énumérer, s'appliquent plutôt aux personnes juridiques, auxquelles
nous avons reconnu une existence fictive et volontaire comme les corporations, qu'à celles ayant
une existence naturelle et nécessaire comme les
communes.

Elles ne s'appliquent pas non plus à la personne juridique du fisc.

§ 1. Une première cause de dissolution est in-
diquée en ces termes par le jurisconsulte Marcien :
« Collegia, si qua fuerint *illicita*, mandatis et

_____

(1) L. X, *Quod cujusc. univ.*

« constitutionibus et senatusconsultis dissolvun-
« tur (1). »

En pareil cas, la dissolution résulte d'un décret de l'empereur et est fondée sur la nature illicite du collége.

Il paraît que les présidents des provinces avaient
reçu, de constitutions impériales, le pouvoir d'em-
pêcher la réunion de certains colléges, et notamment de ceux qui se seraient formés dans les
camps (2).

Il est vrai qu'alors il n'y avait pas une personne
morale et un *corpus* véritable à dissoudre.

Les textes parlent cependant dans ce cas de dissolution.

Nous avons vu qu'un collége était *illicite* quand
il se formait sans aucune autorisation ou en dé-
passant les limites fixées par le décret d'autorisation. Dans ce cas, et en vertu de sénatus-consultes
ou de constitutions impériales, il devait être dis-
sous.

Il était permis, en ce cas, aux membres du collége de partager entre eux les biens communs s'il
y en avait, et l'argent qui pouvait se trouver dans
la caisse commune (3).

Un *corpus* autorisé, formant une personne juridique, pouvait donner lieu à des mesures rigou-
reuses entraînant sa dissolution. C'est ainsi que le

(1) L. III, pr., *De colleg. et corp.*
(2) L. I, pr., *id.*
(3) L. III, pr., *De colleg. et corp.*

collége des scribes dut se séparer en vertu d'un sénatus-consulte. Ce même sénatus-consulte annonçait une loi générale devant frapper d'un *publicum judicium* les associations rebelles qui ne procéderaient pas volontairement à leur dissolution.

Cicéron en parle en ces termes : « S. C. factum « est ut sodalitates decuriatique discederent, lex- « que de iis ferretur, ut qui non discessissent, ea « pœna quæ est de vi, tenerentur (1). »

Il paraîtrait qu'effectivement une loi ou un sénatus-consulte aurait été rendu vers le règne de Vespasien, qui aurait interdit la plupart des colléges existants (2).

Il semble qu'il ne doit plus rester que ceux que l'utilité publique avait engagé à conserver, comme les colléges des forgerons et des statuaires (3).

Enfin, pour ce qui concerne les membres des colléges illicites, pris individuellement, Ulpien nous apprend que ceux qui en avaient fait partie étaient sous le coup d'un *crimen extraordinarium* (4).

§ 2. *Dissolution par la mort de tous les membres.* — La corporation pouvait encore finir par la

(1) Cicer., *Ad Quintum fratrem*, II, 3.

(2) Asconius in Cornel. (4, 75, ed. Orelli).

(3) Quelques années après cette mesure générale, une loi fut portée sous les auspices de P. Clodius, tribun du peuple, qui fit revivre les colléges. (De Savigny, § 88.)

(4) L. II, *De colleg. et corp.* — L. I, § 1, *Ad leg. Jul. majest.*

mort de tous ses membres, à la différence de la société ordinaire qui prenait fin par la mort d'un seul des associés.

La corporation pouvait subsister avec un seul membre. En effet, Ulpien s'exprime ainsi dans la loi VII, § 2, *Quod cujusc. univ.* : « Sed si univer- « sitas ad unum redit, magis admittitur posse « eum convenire et conveniri : *cum jus omnium in* « *unum reciderit, et stet nomen universitatis.* »

Le même jurisconsulte prend soin de nous aver- tir que ce sera toujours le même *corpus*, en sup- posant qu'une partie des membres soit changée et lors même que tous les membres seraient changés. Peu importe, en effet, quels sont les membres qui soutiennent la personne juridique, celle-ci ayant une existence complétement indépendante des in- dividus qui se rattachent à elle.

A côté du principe reconnu qu'une corporation peut vivre avec un seul membre, on a cru pouvoir dire que quand elle avait un but d'utilité publique évident, l'*universitas* pouvait survivre à tous ses membres (1).

Pour soutenir cette thèse, on s'est placé dans une hypothèse qui se présentera rarement. On a supposé qu'une épidémie ravageant une ville, tous les membres d'une corporation qui se trouvait dans cette ville sont morts en peu de temps les uns après les autres. Et on a dit qu'en pareil cas l'*uni-*

_____

(1) M. de Savigny, t. II, § 89.

versitas ne pouvait être éteinte, et que les biens qui en dépendaient ne pouvaient aller au fisc comme étant sans maîtres. .

Nous pourrions répondre d'abord que c'est là un cas de force maj. . . qui ne peut servir à poser une règle absolue quant à la dissolution des corporations.

Mais même en partant de l'hypothèse proposée, aucun texte ne nous disant qu'une corporation pourra survivre à tous ses membres ; une loi nous disant au contraire qu'un seul membre suffit pour soutenir le *corpus*, ce membre-là, du moins, paraît bien être nécessaire. Nous nous en tenons aux textes et particulièrement à la loi VII, § 3, *Quod cujusc. univ.*

Les biens de la corporation qui n'a plus un seul membre sont attribués de plein droit au fisc comme biens vacants. C'est le sort des biens appartenant à toute personne qui ne laisse ni testament ni héritiers (1). Or, les personnes juridiques par leur nature même sont dans ce cas.

Nous ne recherchons que les causes ordinaires de dissolution des corporations ou des *universitates*. Nous avons vu cependant, en traitant des servitudes personnelles qui pouvaient appartenir aux corporations, un cas d'extinction de l'usufruit prévu par la loi XXI, *Quid mod. ususfr.*, celui où l'on faisait passer la charrue sur le sol de la cité

---

(1) *De jure fisci*, liv. xlix, tit. 14, au Dig.

usufruitière. Nous citous ici ce texte comme contenant un exemple de l'extinction de la *civitas* elle-
même, puisque le jurisconsulte dit : « *Civitas
esse desinit.* »

§ 3. *Dissolution par l'accord des membres du
corpus.* — Toutes les résolutions qui intéressent
une corporation devant être prises à la majorité
des deux tiers des membres de la corporation,
nous pensons que sa dissolution pouvait être dé-
cidée par cette majorité.

Mais souvent, le cas de dissolution, suivant la
nature du *corpus,* devait être prévu dans les statuts délibérés lors de la formation de la corporation.

Nous pensons que l'approbation de l'autorité
supérieure devait être nécessaire pour la dissolution d'une corporation, car l'intérêt des tiers pouvait y être gravement engagé, et aussi l'intérêt
public.

§ 4. *Dissolution par la fin de l'entreprise.* —
Nous avons dit que le cas de dissolution devait
être prévu dans les statuts.

C'est ainsi, par exemple, que quand des *societates publicæ* se formaient en vertu d'une concession impériale ou d'un sénatus-consulte pour
l'exploitation d'une mine, il est assez naturel de
penser qu'elles prévoyaient dès l'origine de l'entreprise le cas où la mine étant épuisée, il y aurait

lieu de dissoudre la corporation, qui désormais n'aurait plus d'objet.

Or, nous avons vu que les statuts devant ne rien contenir de contraire à l'ordre public, il était probable que pour s'assurer d'avance de leur légalité, ils étaient contrôlés par un magistrat ou par l'empereur lui-même, qui ne délivrait l'autorisation à la corporation qu'en parfaite connaissance de cause.

Ce devait être, dès lors, par cette consécration officielle donnée aux statuts dans leur ensemble, que le cas prévu de dissolution se trouvait approuvé.

Pour d'autres corporations comme les corporations d'artisans qui, n'ayant que fort peu de biens, n'avaient peut-être pas jugé utile de rédiger des statuts, la dissolution pouvait être délibérée par les membres, sans avoir été prévue d'avance ; et dans ce cas, ceux-ci avaient à régler en même temps le sort des biens qui cessaient d'appartenir à la corporation sans aller pour cela au fisc.

DROIT FRANÇAIS.

—◇—

INTRODUCTION.

Les établissements publics jouent un rôle important dans notre société par les services qu'ils rendent à l'État et aux particuliers au point de vue de leur amélioration morale ou matérielle.

Une des sources les plus abondantes de leurs revenus est celle des dons et legs.

Les dons et legs faits aux établissements publics donnent lieu, dans la pratique, à de nombreuses difficultés que le conseil d'État et les tribunaux sont souvent appelés à résoudre. Sans prétendre les trancher toutes, nous avons pensé qu'une étude réfléchie des principes du droit administratif et du droit civil pourrait nous aider à les éclaircir.

Nous traiterons des établissements publics proprement dits et des autres personnes morales qui,

7

ayant une personnalité civile, peuvent acquérir à titre gratuit comme les particuliers.

C'est à ce point de vue que l'État, les communes, les départements devront fixer notre attention, de même que les hospices, les établissements ecclésiastiques et d'une manière générale les établissements publics et d'utilité publique.

Deux idées essentielles dominent cette matière :

Premièrement, il importe à l'État que la circulation des biens ne soit pas entravée par une accumulation exagérée des fortunes privées aux mains de possesseurs *qui ne meurent pas,* et *qui aliènent peu.*

Autrement dit, il faut éviter un développement trop considérable des biens de main-morte.

Secondement, l'intérêt de la famille doit, selon les circonstances, être préféré à celui des personnes morales.

Un testateur ne pourra donc toujours au mépris des liens du sang, librement et sans contrôle, dépouiller ses parents au profit d'une commune, d'un hospice ou de tout autre établissement public, quelle que soit d'ailleurs la faveur que mérite la personne morale désignée.

Pour éviter ce double inconvénient et donner satisfaction aux établissements donataires, tout en faisant respecter l'intérêt de l'État et les droits de la famille, le gouvernement interviendra pour juger s'il y a lieu ou non d'autoriser les personnes morales à recevoir les libéralités qui leur sont adressées.

Sous ce rapport, les établissements publics sont dans un état d'incapacité évident. Or, toute incapacité entraîne nécessairement l'idée d'une tutelle qui exerce ses droits en son nom ou la rende habile à les exercer.

Le mineur incapable des actes de la vie civile est représenté par son tuteur dans l'exercice de ces actes.

La femme mariée trouve dans l'autorisation maritale la capacité nécessaire pour agir.

Pour les personnes morales et les établissements publics, c'est l'administration supérieure qui remplira les fonctions de tutrice : de là, les principes sur la *tutelle administrative* que nous appliquerons à cette matière.

Notons ici que l'idée de protection n'est pas le caractère dominant de cette tutelle qui, sans oublier toutefois l'intérêt des personnes morales, veille avant tout à l'intérêt public et à celui de la famille.

Avant que les représentants des établissements

publics acceptent les dons ou les legs qui leur
sont faits, les conseils établis près de ces établissements ont à délibérer sur l'opportunité de l'acceptation ou du refus de la libéralité. C'est sur le vu de
ces délibérations et d'après l'avis des autorités locales que le gouvernement prend sa décision.

Si l'autorisation d'accepter est accordée, cela
signifie, d'une part, que l'administration supérieure
n'a pas vu d'inconvénient pour l'intérêt public à
ce que le don ou legs fût accepté par l'établissement gratifié ; cela signifie, d'autre part, que l'intérêt de la famille du donataire n'a pas paru au gouvernement devoir être lésé par la libéralité.

Le refus de la part de l'administration d'autoriser l'acceptation d'un don ou d'un legs témoigne
que, dans ses hautes vues d'économie publique et
dans l'appréciation qu'elle a pu faire de la fortune
du donateur ou de la position plus ou moins intéressante des héritiers du testateur, elle n'a pas
trouvé qu'il y eût lieu d'enrichir, aux dépens d'une
famille, l'établissement désigné.

Il n'y a rien à opposer à la détermination prise
par le gouvernement dans un sens ou dans l'autre. L'administration supérieure a un pouvoir discrétionnaire en cette matière. C'est un acte de tutelle qu'elle exerce, acte d'omnipotence, ayant un

caractère purement administratif et qui ne peut
donner lieu à aucun recours, soit par la voie gracieuse, soit par la voie contentieuse.

Toutefois, après que le gouvernement s'est prononcé sur le sort des dispositions qui lui ont été soumises, les tiers intéressés peuvent encore, en usant
des moyens de droit, attaquer ces dispositions par
la voie judiciaire. Les tribunaux sont alors appelés
à prononcer sur le mérite de leurs prétentions et à
juger si leurs droits ont été méconnus ou si la loi
civile a été violée.

Ce rôle distinct des deux pouvoirs administratif
et judiciaire n'est que l'application du principe,
essentiel dans notre ordre social, de la séparation
des pouvoirs.

PREMIÈRE PARTIE.

―――

CHAPITRE I.

ANCIEN DROIT.

D'après les lois anciennes, le pouvoir des rois se bornait à protéger les corporations et à prévenir l'usurpation de leurs biens.

Sous les deux premières races des rois Francs, comme sous les empereurs romains, elles purent recueillir sans y être autorisées par le pouvoir central. Au x⁰ et au xiiᵉ siècle, la royauté impuissante laissa toute autorité aux mains des seigneurs.

Ce n'est que lors de l'affranchissement des communes que les rois, acquérant sur les villes des droits de patronage et de protection, en profitèrent pour s'ingérer dans l'administration de leurs biens.

Nous voyons dans une ordonnance de saint Louis que les communes ne peuvent faire de donations sans l'autorisation royale (1).

―――

(1) *Recueil des ordonnances des rois de France*, de Laurière, t. 1, p. 182, § 3.

En l'an 1235, les habitants de Tournay obtiennent du roi de France la permission de disposer de leurs biens en faveur des églises, sans l'autorisation royale.

Quant à l'autorisation pour recevoir des dons, on peut conjecturer qu'elle fut accordée aux corporations vers le même temps, quoiqu'on ne trouve pas de charte à cet égard avant le xv° siècle.

On peut citer un diplôme de Louis XI qui autorise le maire de la ville de Tours à recevoir « des « dons et gages des manants et habitants de ladite « ville » pour les travaux d'utilité communale, mais en limitant ainsi cette faculté : « Plus grands « gages ne pourra pour ce avoir ni demander. »

A dater de cette époque, les communes furent placées sous la haute tutelle du roi. Cette tutelle s'étendit bientôt à tous les établissements publics, à l'occasion des actes confirmatifs qu'octroyait le souverain pour assurer et consolider la fondation de ces établissements. En effet, il n'était pas forcé d'autoriser la fondation telle qu'on la lui présentait ; il pouvait y mettre des conditions et la modifier essentiellement. Ce n'était qu'à ce prix qu'il lui accordait l'appui de son autorité et la sauvegarde de sa puissance.

La formalité de l'autorisation royale peut encore avoir son origine dans le droit d'amortissement.

L'amortissement était une concession du roi qui permettait aux *gens de main-morte*, moyennant

finance, « de tenir fiefs et autres héritages à perpé-
« tuité, sans être obligés de les mettre hors leurs
« mains (1). »

L'amortissement tenait lieu, dans une certaine
mesure, des impôts sur les mutations que la main-
morte empêchait de percevoir.

Les rois, pour recouvrer cet impôt, exigeant fréquemment des établissements laïques ou religieux,
l'état de leurs biens, celui de leurs charges et de
leurs revenus, et aussi la production de leurs titres
de fondation, s'initièrent par là dans l'administration de leurs biens, et il fut bientôt admis en
principe qu'aucun établissement public ne pourrait acquérir ni recevoir de libéralités, sans avoir
obtenu l'agrément préalable du souverain.

Nous avons parlé des gens de main-morte. Il convient d'en dire ici quelques mots.

Merlin les définit : « des corps et communautés
« qui sont perpétuels, et qui, par une subrogation
« successive de personnes, étant censés être tou-
« jours les mêmes, ne produisent aucune mutation
« par mort (2). »

L'autorité de Pothier peut nous servir à achever
de caractériser les gens de main-morte. Après nous
avoir dit que les gens de main-morte pouvaient
être obligés de vider de leurs mains leurs héritages,

(1) *Dictionnaire de droit canonique* de Durand-Maillane, v°, *Amortissement.*

(2) Merlin, *Répertoire*, v°, *Main-Morte.*

et cela dans un intérêt public, il ajoute : «.... Car
« les communautés ne meurent point et n'aliènent
« presque jamais les héritages par elles acquis. Ils
« sont donc hors du commerce et par conséquent
« le commerce en est d'autant diminué (1). »

Il y avait trois classes de gens de main-morte.
Dans une première classe on rangeait des particuliers, clercs, comme les archevêques, évêques, ab-
bés et les communautés ecclésiastiques, couvents,
chapitres, etc. ;

Dans une seconde classe, on comptait les gou-
verneurs des hôpitaux, hôtels-Dieu, confréries, etc.;

Dans une troisième, les communautés séculières
composées de gens lais, comme maires, échevins,
jurats-capitouls, consuls et autres, habitants des
villages, bourgs, paroisses, possédant biens en
commun, universités, colléges, etc. ;

Entre plusieurs édits ou déclarations royales
rendues depuis le commencement du xviie siècle
et ayant trait à notre matière, les monuments lé-
gislatifs les plus importants sont l'édit de 1666 et
surtout l'édit fameux de 1749.

Le préambule de ce dernier édit explique qu'il
est rendu « contre les inconvénients de la multi-
« plication des établissements de gens de main-
« morte, et de la facilité qu'ils trouvent à acquérir
« des fonds naturellement destinés à la subsistance
« des familles. »

(1) *Traité des personnes*, de Pothier, t. vii, art. 1.

Le but qu'on s'y propose est de « concilier autant que possible l'intérêt des familles avec la faveur des établissements véritablement utiles au
public. »

Le même édit porte, dans son art. Ier, qu'il
ne sera fait « aucun nouvel établissement, *même
sous prétexte d'hospices*, congrégations, etc. , soit
laïques, soit ecclésiastiques, si ce n'est en vertu de
la permission expresse du roi (1). »

L'ordonnance de 1749 exigea aussi, comme des
ordonnances précédentes (notamment celle de février 1731) l'avaient déjà fait, que « les établis-
« sements de main-morte fussent autorisés, par
« lettres-patentes enregistrées au parlement, à re-
« cevoir les donations ou legs qui leur seraient
« faits. »

L'édit de 1749 annula même tous les dons acceptés depuis 1666, sans lettres-patentes préalablement obtenues, et prohiba, dans son art. 17,
tous les legs adressés aux établissements depuis
cette époque, « sans en excepter ceux faits à charge
d'obtenir des lettres-patentes (2). »

Une déclaration du 20 juillet 1762 revint sur ces
rigueurs, du moins pour les donations faites aux

(1) L'ordonnance de 1666 portait la même prohibition et dans les
mêmes termes.

(2) *Ricard* rapporte un arrêt du 11 mai 1634, antérieur par conséquent à l'édit de 1666, qui décide qu'on ne peut opposer le défaut
d'autorisation ou de lettres-patentes à des donations et legs faits pour
l'établissement d'un monastère, « parce que ces dispositions, dit-il,
sont présumées faites sous condition, et pour avoir lieu au cas qu'il
plaise au roi d'agréer l'établissement. »(*Traité des donations*, 1re partie.)

pauvres, aux hôpitaux et pour celles faites à charge de prières et services religieux.

Nous avons vu dans le préambule de l'édit de 1749, qu'il avait pour but : 1° de parer à l'inconvénient résultant de la multiplication des gens de main-morte dans le royaume; 2° de pourvoir à l'intérêt des familles.

L'art. 10 de l'édit réglait ce second point de la manière suivante :

Art. 10. « Les enfants ou présomptifs héritiers « seront admis, *même du vivant de ceux qui au-* « *ront fait lesdits actes ou dispositions* (dons ou legs « aux gens de main-morte) à réclamer les biens « par eux donnés ou aliénés. »

A plus forte raison l'édit accordait-il le même droit « aux héritiers, successeurs ou ayant-cause de ceux qui avaient fait la disposition, après la mort de ces derniers. »

Avant cette ordonnance, les héritiers étaient protégés par les parlements contre les libéralités exagérées de leurs auteurs.

On trouve à ce sujet, rapportés par les anciens auteurs, de nombreux arrêts qui, les uns à raison de l'état malheureux des héritiers légitimes, réduisent les legs faits par leurs proches parents à des communautés ou à des hôpitaux; les autres déclarent absolument *nuls* tous les legs universels ou donations testamentaires d'immeubles ou de sommes excessives, quand ils sont faits par le père ou la mere au détriment de leurs enfants, ou par des enfants au préjudice de leurs père et mère.

Un arrêt du 6 février 1692 fut rendu en ce sens contre les Pères de l'Oratoire, auxquels il était fait défense de recevoir aucuns legs ou donations de cette nature (1).

« Il est important pour le bien public, dit Rousseaud-Lacombe, de s'en tenir à la jurisprudence qui réduit, » ne voulant pas sans doute critiquer pour cela la tendance de l'arrêt de 1692, qui annule les dispositions universelles quand il y a des enfants ou des ascendants, mais montrant ainsi tout son respect pour les droits de la famille, même quand il n'y aurait en cause que de simples collatéraux, et son désir que la prospérité de l'État ne soit pas troublée par l'effet des volontés particulières.

L'auteur que nous venons de citer nous dit que les membres des communautés non approuvées ne sont pas incapables de recevoir en leur nom particulier; Ricard est d'accord avec lui sur ce point (2).

Un arrêt du 9 juillet 1654, rendu sur les conclusions de l'avocat général Talon, juge qu'un legs fait à un couvent où la testatrice avait son confesseur était nul, et ordonne que la succession soit

(1) Rousseaud-Lacombe (Jurisprudence canonique, v°, Communauté). La jurisprudence sur cette matière est rapportée dans cet ouvrage.
(2) Ricard, Traité des donations.

partagée *ab intestat*, excepté un legs fait à l'Hôtel-Dieu qui lui fut adjugé.

C'est par une faveur particulière accordée aux pauvres et aux captifs que les dispositions faites à leur profit sont validées; mais ce droit remonte aux empereurs chrétiens, qui les premiers crurent devoir réformer sur ce point la théorie rigoureuse du droit romain classique sur les personnes incertaines.

Domat déclare les legs pieux et charitables « privilégiés dans l'esprit de nos lois, » à raison de leurs saints usages et de leur utilité pour le bien public (1).

Quant à la forme des actes de disposition, il n'y a rien à dire de particulier à notre matière.

L'intervention des tabellions ou notaires pour rédiger les actes de donation ou testament et leur donner l'authenticité, puis la formalité de l'insinuation exigée en l'an 1539 ne sont pas des formes spéciales aux dons et legs faits aux établissements publics.

La jurisprudence des parlements affranchissait de l'insinuation par faveur certaines donations réputées synallagmatiques et à titre onéreux, comme celles à charge de fondations d'hôpitaux par exemple.

La nécessité de l'acceptation établie par l'art. 5 de l'ordonnance de 1731, sanctionnait une pratique

_____

(1) Domat, *Lois civiles*, sect. vii, liv. iv.

constante des parlements, sauf des exceptions admises en faveur des églises par certains auteurs, mais rejetées par le plus grand nombre (1).

———◇◇◇———

CHAPITRE II.

DROIT INTERMÉDIAIRE.

Les lois rendues depuis 1789 jusqu'à 1804 qui ont rapport à notre matière, ont surtout pour objet les corporations religieuses et la propriété ecclésiastique.

La suppression des corporations résulte d'une loi du 28 août 1792; la confiscation des biens du clergé est décrétée par l'Assemblée nationale le 2 novembre 1789.

Un décret du 22 juillet 1790, sur la constitution civile du clergé, déclare, dans son art. 25, que les fondations pieuses sont abolies en principe, excepté celles destinées à subvenir à l'éducation des parents des fondateurs, et sauf aux « parties intéressées à « présenter leurs mémoires aux assemblées de dé- « partement, pour, sur leur avis et celui de l'évê- « que diocésain, être statué par le corps législatif « sur leur conservation ou leur remplacement. »

(1) Basnage *Coutume de Normandie,* v. 382 et *passim.*

Les législateurs de la révolution, poursuivant leur œuvre, dépouillent de leurs biens les hôpitaux (loi du 23 messidor an II). Ces biens sont réunis au domaine national.

Une loi du 16 vendémiaire an V revient sur cette mesure et déclare, dans son art. 5, que « les hos- « pices civils sont conservés dans la jouissance de « leurs biens.... »

On n'avait pas tardé à sentir le grave inconvénient du dépouillement des hospices. L'art. 6 de la loi de vendémiaire, pour réparer le mal autant que possible, déclare que leurs biens, qui auront été vendus, seront remplacés en biens nationaux du même produit.

La quotité disponible était tellement bornée par suite des idées et des lois en vigueur à l'époque révolutionnaire, que les communes, les hospices et autres établissements publics ne pouvaient attendre des particuliers de bien grandes libéralités.

En effet, d'après les lois du 5 brumaire an II (art. 11) et du 7 nivôse an II (art. 16), on ne pou- vait disposer que du dixième de sa fortune, si on laissait des héritiers en ligne directe, et du sixième seulement en présence d'héritiers collatéraux. La rétroactivité de ces lois qu'un auteur qualifie avec raison de monstrueuse, n'était pas faite pour ac- croître la fortune des établissements publics par la voie des libéralités (1).

---

(1) Coin-Delisle, *Donations et testaments* (Introduction, no 30).

La loi du 4 germinal an VIII changea cet état de choses, et les établissemens publics durent profiter de ce changement.

Elle étendit la quotité disponible au quart des biens du disposant s'il laissait moins de quatre enfants, au cinquième s'il en laissait quatre, et ainsi de suite, et permit à un testateur de disposer de la totalité de ses biens s'il ne laissait pas de parents à un degré plus proche que celui de cousins germains.

Il est certain que sous l'empire de cette législation, les libéralités au profit des établissements publics devinrent plus nombreuses : nous en avons la preuve dans des arrêtés d'autorisation datant de cette époque, et qui permettent à certains établissements d'accepter des dons faits en leur faveur (1).

CHAPITRE III.

LÉGISLATION DU CODE NAPOLÉON.

Les art. 910 et 937 qui réglementent la matière peuvent être envisagés sous quatre points de vue différents, savoir :

1° Au point de vue de l'énumération des personnes morales et établissements publics ;

(1) Arrêtés du 25 germinal an IX ; du 25 thermidor an XI (Bull. 79, n° 639, et 96, n° 801 et suiv.), etc.

2° De la capacité de recevoir à titre gratuit de ces établissements ;

3• De l'acceptation des libéralités ;

4° De l'autorisation du gouvernement.

Nous devons donner d'abord sur chacun de ces points des idées générales.

SECTION I.

Établissements publics et personnes morales d'après le Code Napo ^n.

L'art. 910 du Code civil est ainsi conçu : « Les dispositions entre-vifs ou par testament au profit des hospices, des pauvres d'une commune ou d'établissements d'utilité publique n'auront leur effet qu'autant qu'elles seront autorisées par une ordonnance royale. »

Est-ce là une énumération limitative et n'y a-t-il que les établissements ou personnes morales rentrant précisément dans la lettre de l'art. 910 qui puissent recevoir à titre gratuit ?

Les établissements d'utilité publique, par exemple, étant ceux qui ont acquis, en vertu de l'acte du gouvernement qui les a reconnus comme tels, la capacité de recevoir des dons ou des legs, comprennent-ils les établissements publics proprement dits, c'est-à-dire ceux qui rentrent dans l'une des branches de l'administration générale ?

Il est évident qu'on ne doit pas prendre le mot

établissement d'utilité publique de l'art. 910 dans son sens technique, autrement il faudrait exclure de la disposition de cet article tous autres établissements n'ayant pas cette dénomination propre, ce qui serait une grave erreur.

Nous verrons plus tard d'une manière précise les différences qui existent entre les établissements publics et les établissements d'utilité publique.

Si on voulait prendre à la lettre l'art. 910, il faudrait dire aussi que cet article n'ayant parlé que *des pauvres d'une commune* comme pouvant recevoir des libéralités, la commune elle-même ne pourrait recevoir des dons ou legs pour une autre destination, ce qui serait, comme nous le verrons, tirer de cet article une conclusion également fautive.

Enfin l'art. 910 parle des hospices, et pour ces établissements il ne peut y avoir de difficulté.

Pour le moment, il nous suffira de dire que cet article comprend tous établissements particuliers ou publics, créés ou simplement reconnus par le gouvernement.

Nous donnerons en détail, dans la dernière partie de notre travail, pour interpréter d'une manière complète l'art. 910, une énumération de tous les établissements compris dans l'expression très-large d'établissements publics dont nous nous servirons souvent pour signifier toutes les personnes morales capables de recevoir.

SECTION II.

Incapacité des établissements publics pour recevoir des libéralités.

L'art. 910, en nous disant que les dispositions entre-vifs ou par testament au profit des personnes morales ne peuvent avoir leur effet qu'autant qu'elles
sont autorisées par ordonnance royale, les constitue
par là même dans un état d'incapacité que l'art. 937
vient confirmer.

Cet article prescrit que les donations faites au
profit d'hospices, des pauvres d'une commune, etc.,
ne pourront être acceptées par les administrateurs
« qu'après y avoir été dûment autorisés. »

Or, comme sans acceptation il n'y a pas de donation possible, jusqu'à l'autorisation l'incapacité de
ces personnes est manifeste.

Essayons de préciser la nature de l'incapacité des
gens de main-morte.

On reconnaît en droit, en matière de donations,
deux sortes d'incapacités de recevoir et de disposer : l'incapacité absolue et l'incapacité relative.

L'incapacité de recevoir qui doit seule nous occuper, est *absolue*, quand elle existe vis-à-vis de
tout le monde, et nous empêche de recevoir de qui
que ce soit. Elle est *relative* quand elle ne rend les
individus qui en sont frappés incapables de rece-

voir qu'à l'égard de certaines personnes déterminées par la loi (art. 907, 908, 909).

Les étrangers, avant la loi du 14 juillet 1819,
étaient en principe dans l'incapacité absolue de recevoir à l'égard des Français (art. 912). Les personnes non conçues au moment de la donation ou
au moment du décès du testateur, les condamnés
à une peine afflictive et perpétuelle, sont absolument incapables de recevoir (art. 906 et art. 3 loi
du 31 mai 1854).

Il a suffi d'indiquer le caractère de ces deux
ordres d'incapacité pour démontrer que celle qui
frappe les personnes morales doit être rangée dans
la catégorie des incapacités absolues. Toutefois,
l'incapacité des établissements publics peut être
levée par l'autorisation du gouvernement, et en
ce sens elle n'est pas aussi radicale que celle qui
frappe les personnes non conçues ou qui sont sous
le coup de la loi de 1854.

SECTION III.

Autorisation du gouvernement.

L'intervention du gouvernement, quand des
dons ou legs sont faits aux établissements publics,
se justifie par les considérations suivantes que
nous extrayons de l'exposé des motifs sur l'art.
910 du Code civil : « Le gouvernement doit con-
« naître la nature et la quantité des biens qu'il

« met ainsi hors du commerce; il doit même em-
« pêcher qu'il y ait dans ces dispositions un excès
« condamnable (1). »

L'esprit de la législation moderne inspirée par
les traditions de l'ancien droit sur la capacité des
corporations et établissements publics, se trouve
renfermé dans ce résumé substantiel de l'exposé
des motifs de M. Bigot-Préameneu, complété par
le rapport de M. Jaubert au tribunat.

Dans ce rapport, M. Jaubert, après avoir dit que
les personnes morales de l'art. 910 ne pourront
recevoir qu'avec une autorisation du gouvernement, en donne ainsi la raison : « Le zèle et la
« piété no doivent pas excéder les bornes légitimes;
« l'intérêt de la société, celui des familles, exi-
« geaient cette limitation (2). »

Comme on le voit, le tribun Jaubert montrait
sous son autre face, celle de l'intérêt des familles,
la raison de la nécessité de l'autorisation; et,
rappelant l'ancienne législation, il adressait des
louanges à celle qui allait être inaugurée par le
Code, en disant « qu'elle serait encore plus sage
que le fameux édit de 1749, où l'on ne trouvait
des dispositions restrictives que sur les immeubles (3). »

La section de législation, lors de la communica-

---

(1) Fenet, t. xii, p. 521 et 533.
(2) Fenet, t. xii, p. 583.
(3) Eod.

tion qui avait été faite du projet au tribunat, avait proposé de mettre dans l'art. 910 que les dispositions dont parle cet article seraient *autorisées* ou *approuvées*, voulant distinguer par des termes différents les donations entre-vifs pour la confection desquelles l'autorisation serait nécessaire, des dispositions testamentaires qui n'auraient besoin que d'être approuvées par le gouvernement, une fois faites.

Cette distinction un peu subtile, qui d'ailleurs, dans le fond des choses, n'avait pas une grande importance, ne fut pas consacrée, et l'on se contenta de l'expression *autorisées* bien suffisante pour exprimer la pensée du législateur, déposée dans la rédaction définitive de l'art. 910.

SECTION IV.

Acceptation des libéralités.

L'art. 937 du Code Napoléon est ainsi conçu : « Les donations faites au profit d'hospices, des « pauvres d'une commune ou d'établissements « d'utilité publique, seront acceptées par les ad-« ministrateurs de ces communes ou établisse-« ments, après y avoir été dûment autorisés. »

Cet article n'a pas été adopté par le conseil d'État sans discussion comme l'article 910, et c'est la discussion même qui peut nous révéler le plus sûrement le système que les législateurs de l'an XII ont entendu consacrer sur l'art. 937.

Il résulte de cet article que ce n'est qu'à dater de l'autorisation accordée par le gouvernement que les représentants des établissements avantagés peuvent accepter; or, il n'y a pas de donation tant qu'il n'y a point d'acceptation (art. 932).

Un membre du conseil d'État, dans la séance du 12 ventôse an XI, fit sur l'article 41 du projet, des observations très-judicieuses. Nous devons les rapporter ici à raison de leur importance.

« Si la donation, dit M. Jollivet, ne pouvait s'ac-« complir que par l'acceptation faite en vertu de « l'autorisation du gouvernement, la mort du do-« nateur ou son changement de volonté survenu « dans l'intervalle priverait les hospices (ou tous « autres établissements) du bénéfice de la dona-« tion. Il semble donc, concluait ce membre, que « l'*acceptation provisoire* des administrateurs de-« vrait donner à l'acte ses effets, à la charge de « confirmation par le gouvernement (1). »

Ces observations, malgré la solidité des motifs allégués par M. Jollivet, ne furent pas prises en considération par le conseil d'État.

M. Bigot-Préameneu ayant répondu « que l'on « ne pouvait, par aucune considération, supposer « aux administrateurs le pouvoir d'accepter sans y « être autorisés, » l'art. 41 du projet fut adopté sans difficulté et est devenu l'art. 937 du Code Napoléon.

(1) Fenet, t. XII, p. 353.

Nous verrons, en parcourant successivement les lois relatives à notre matière, que les législateurs postérieurs au Code ont donné raison à M. Jollivet contre M. Bigot-Préameneu, relativement aux effets de l'acceptation des libéralités faites à certains établissements publics.

DEUXIÈME PARTIE.

———◇◇◇———

Règles générales relatives à l'autorisation d'accepter les dons et legs faits aux établissements publics.

————

CHAPITRE I.

§ 1. *Autorité administrative appelée à donner l'autorisation.* — Après avoir constaté en principe la nécessité de l'autorisation du gouvernement pour l'acceptation des dons et legs faits aux établissements publics, nous devons dire quel est le pouvoir qui est appelé à la conférer.

Nous pouvons poser comme règle générale et sauf les modifications introduites par des lois postérieures, notamment par le décret du 25 mars 1852 sur la décentralisation administrative, que c'est du pouvoir central que doit émaner l'autorisation d'accepter.

La connaissance du don ou du legs est déférée par le préfet du département où est situé l'établissement désigné par l'acte de libéralité, au ministre compétent, qui rédige un projet de décret, lequel doit être soumis au conseil d'État.

Le conseil d'État approuve le projet tel qu'il lui est soumis ou bien il le modifie ; puis ce projet est remis à la signature de l'empereur.

C'est le chef de l'État qui, en définitive, donne l'autorisation ou la refuse, le conseil d'État n'ayant pas un pouvoir de décision propre.

Le système en vigueur lors de la promulgation du Code civil quant au pouvoir qui doit donner l'autorisation, a été profondément modifié, comme nous l'avons dit. Cependant le principe est resté le même pour la plupart des établissements publics ; le changement de régime politique fait seulement qu'au lieu de lire dans l'art. 910 *autorisation royale*, nous devons lire : *décret impérial*.

§ 2. *Dispositions mixtes et connexes.* — C'est ici le lieu de parler d'une question délicate qui a beaucoup occupé l'administration , mais sur laquelle la jurisprudence du conseil d'État est aujourd'hui fixée.

Nous voulons parler des dispositions *mixtes* ou *connexes* faites en faveur des communes et autres établissements publics.

Il arrive souvent qu'un donateur, ignorant les lois et la pratique administratives, fait à un établissement une libéralité devant profiter à un autre établissement qui lui est étranger. Ainsi, par exemple, il fera un legs à une fabrique, à la charge d'en affecter une partie au soulagement des indigents. C'est là une disposition *connexe*. Or, régulièrement, les pauvres ou la commune dont ils font partie doit être autorisée par le préfet à accepter le legs, tandis que la fabrique, comme établissement ecclésiastique, ne peut y être autorisée que par le pouvoir central (1).

Est-ce donc le préfet qui devra autoriser le maire à accepter le legs fait à la fabrique pour les indigents de la commune, ou bien est-ce le ministre des cultes? Ou bien chacun, en ce qui le concerne, devra-t-il autoriser l'acceptation? Sera-ce au contraire le pouvoir supérieur qui sera seul appelé à statuer?

Après des hésitations de la part de l'administration supérieure, décidant d'abord qu'on devait scinder les compétences (circulaire du 5 mai 1852), puis, que le pouvoir central devait seul statuer (circulaire du 25 novembre 1852), on a fini par admettre que toutes les fois que le décret de décentralisation ne peut s'appliquer que partiellement à la disposition, l'autorité la plus élevée doit être seule appelée à prononcer sur le tout. (Circulaire du 25 janvier 1856.)

Mais que décider quand la disposition est *mixte* et que, par exemple, le testateur a légué une maison à une commune pour servir d'école et une somme

---

(1) Nous verrons plus loin, en traitant spécialement de la commune, qu'elle a été décentralisée par le décret du 25 mars 1852, tandis que les établissements ecclésiastiques sont restés soumis à la règle de l'art. 910 du Code Napoléon.

d'argent à une fabrique pour les besoins du culte?
Le préfet doit-il donner son autorisation et le ministre des cultes la sienne?

Un avis du conseil d'État du 27 décembre 1855
et la dernière circulaire que nous citions tout à
l'heure, décident que le conseil étant appelé à autoriser l'une des dispositions et devant par suite
examiner le testament dans son intégralité, ainsi
que l'étendue de la fortune du disposant, la position de ses héritiers, etc.; il convient de lui laisser
la faculté de statuer sur l'ensemble des libéralités.

Le conseil d'État montrait que ce n'était pas là
une pure question de forme ou de procédure administrative, quand, appelé à donner son autorisation à l'occasion d'un legs connexe, il disait :
« Chaque établissement doit se conformer à la loi
« de son institution, et se mouvoir dans la sphère
« qui lui est propre. » (Avis du 12 avril 1837.)

§ 3. *Mesures de publicité prescrites en faveur
des héritiers.*— L'ordonnance du 14 janvier 1831,
relative aux donations et legs concernant les établissements ecclésiastiques et les communautés religieuses de femmes, prescrit en faveur des héritiers
des testateurs des mesures d'une grande utilité
pratique, en ce sens qu'elle met les héritiers en
demeure de se prononcer avant que le gouvernement ne donne l'autorisation d'accepter aux établissements légataires.

Ces mesures consistent dans l'appel extra-judiciaire qui doit être fait des *héritiers connus* du testateur, pour prendre connaissance du testament, donner leur consentement à son exécution, ou produire leurs moyens d'opposition ; s'il n'y a pas d'héritiers connus, l'ordonnance prescrit des mesures de publicité destinées à les découvrir, afin qu'ils puissent adresser au préfet leurs observations ou réclamations, s'ils en ont à présenter (1).

L'utilité évidente de ces dispositions devait les faire étendre à d'autres établissements qu'à ceux dont il s'agit ici. Elle était déjà reconnue antérieurement à cette époque, comme nous pouvons en juger par la fin de non-recevoir opposée par l'administration à des héritiers qui voulaient attaquer une ordonnance d'autorisation rendue au profit des hospices, car cette fin de non-recevoir était précisément fondée sur l'appel préalable des héritiers (2).

L'art. 3 de l'ordonnance de 1831 n'était lui-même que la consécration d'un avis du conseil d'État de 1811, portant que, pour éviter les réclamations des héritiers, postérieurement aux décrets d'autorisation, les ministres de l'intérieur et des cultes qui avaient provoqué l'avis devraient préparer un projet de décret tendant à décider qu'avant toute propo-

---

(1) Art. 3 de l'ordonnance du 11 janvier 1831.

(2) *Questions de droit administratif*, de M. de Cormenin, vo *Hospices*, t. II. — La pratique de l'administration de l'assistance publique est également d'appeler les héritiers préalablement à la demande d'autorisation d'accepter les legs faits aux établissements qui dépendent d'elle.

sition d'acceptation de legs, les héritiers seraient mis en demeure de consentir la délivrance ou d'y former opposition.

Un projet de décret avait suivi, qui établissait que les propositions d'acceptation de legs en faveur des établissements publics ne pourraient être soumises à l'empereur que dans les trois mois de l'ouverture du testament, délai dans lequel les héritiers devaient former leurs réclamations; mais ce projet de décret fut retiré après avoir été soumis à l'assemblée générale du Conseil d'État, le 11 octobre 1811.

CHAPITRE II.

AUTORISATION D'ACCEPTER. — REFUS D'AUTORISATION. — RÉDUCTION.

Sur l'opposition des héritiers ou leurs réclamations, ou bien sur leur silence s'ils ne se sont pas fait connaître, le gouvernement ou l'autorité administrative appelée à prononcer sur l'opportunité qu'il peut y avoir à autoriser l'établissement désigné à accepter la libéralité, est libre de prendre un des trois partis suivants : autoriser l'établissement à accepter et alors mettre à cette acceptation telles conditions qu'il pourra juger convenables ; ou refuser l'autorisation d'accepter la libéralité ; ou bien encore, tout en autorisant en principe l'acceptation de la libéralité, la réduire dans une certaine mesure.

Reprenons successivement chacune de ces trois hypothèses.

SECTION I.

Autorisation d'accepter.

§ 1. L'autorisation d'accepter peut être donnée par l'administration en conformité de l'acceptation proposée par l'établissement donataire ou légataire. Elle peut aussi être donnée d'*office* sur le refus de l'établissement.

Dans le premier cas, pas de difficulté. L'administration supérieure, en accordant l'autorisation d'accepter, entre dans les vues de l'établissement avantagé, et ne fait que consacrer à son profit la libéralité qui lui était offerte.

Dans le second cas, c'est-à-dire lorsque l'établissement donataire ou légataire propose le refus du don ou du legs, parce que les conditions lui ont semblé onéreuses, l'autorité supérieure intervient pour apprécier à sa juste valeur l'opportunité de ce refus.

Il arrive en effet souvent dans la pratique que des administrateurs ou des conseils peu éclairés refusent ainsi, au nom des établissements gratifiés, des libéralités très-avantageuses et dont la validité n'est contestée par personne.

Il appartient à un pouvoir plus impartial et plus éclairé de redresser l'ignorance de ces tuteurs, qui, sans avoir de bonnes raisons, refusent d'enrichir leurs mineurs, et n'envisagent pas sainement les véritables intérêts de l'établissement confié à leur direction.

Pour vaincre cette résistance mal entendue, l'administration supérieure n'a d'autre parti à prendre que d'autoriser d'*office* l'acceptation de la libéralité (1).

§ 2. L'établissement auquel est fait le don ou legs peut être autorisé à l'accepter purement et simplement ou bien sous certaines conditions ou modifications.

1° *Autorisation pure et simple d'accepter.* — Nous croyons pouvoir dire que les cas où l'autorisation est ainsi donnée, ne sont pas les plus fréquents. La raison en est que l'administration accueille difficilement toutes les conditions qui sont mises d'ordinaire par le donateur à l'accomplissement de sa libéralité.

Mais quand ces cas se présentent, les raisons de décider de l'administration peuvent être les suivantes :

1° Le peu d'importance de la donation en égard à la fortune du donateur;

_____

(1) L'intérêt de l'établissement bénéficiaire n'est pas la seule raison qui porte l'administration à accepter d'office. L'intérêt de l'Etat s'y trouve aussi engagé, car, plus la dotation des établissements publics est considérable, moins est lourde la charge du trésor public qui leur vient en aide. (*École des communes*, 1841, p. 800.) — Un avis de la section de l'intérieur du 23 janvier 1856 contient l'exemple d'une autorisation d'office.

2° L'origine des biens donnés (1);

3° Les conditions qui sont de nature à être agréées sans inconvénient;

4° Le but louable que le donateur s'est proposé;

5° Les besoins et l'état de fortune de l'établissement désigné par la libéralité.

2° *Autorisation d'accepter la libéralité avec des modifications.* — Les modifications que peut faire subir l'administration à la forme sous laquelle se présentent les libéralités étant aussi multiples que les circonstances mêmes qui entourent chaque don ou legs, nous ne pouvons prétendre les mentionner toutes.

Sans parler des conditions contraires aux lois, aux bonnes mœurs, ou de celles dont l'exécution est impossible, pour lesquelles il ne saurait y avoir de difficulté en présence de l'art. 900 du Code Napoléon, il est des conditions dont le caractère ou la portée n'est pas aussi évidente et sur lesquelles l'administration a un pouvoir souverain d'appréciation.

Les legs faits à des *personnes incertaines*, et, par exemple, ceux faits sous forme de fidéicommis pour être employés selon les intentions *pieuses* et *secrètes* du testateur, ne sont pas seulement sujets

(1) On autorisera l'acceptation de libéralités prises sur des biens acquis par l'industrie ou les économies du disposant plutôt que celles qui entameraient des biens patrimoniaux.

à modification ; ils sont annulés par les tribunaux (1).

Les *donations anonymes* ne doivent pas, en principe, être autorisées sous cette forme, malgré le
désir très-respectable qu'a le donateur de rester
ignoré, parce que le gouvernement ne pourrait
constater si la libéralité dépasse la mesure conve-
nable. Il y a donc lieu, en pareil cas, de modifier
la donation.

Le conseil d'État, aux termes de l'art. 4 de l'ordonnance du 14 janvier 1831, n'autorise pas l'acceptation des donations faites aux établissements
ecclésiastiques avec la clause de *réserve d'usufruit
en faveur du donateur*. Il tend à appliquer la même
règle aux établissements laïques (2).

La condition d'établir un hospice privé, régi
par des règles particulières et dont les administrateurs seraient nommés par les donateurs ou ses héritiers et non par le gouvernement, constituerait
encore un vice de la donation qui devrait être ré-
formée sur ce point (3).

Au point de vue où nous nous plaçons, et quant
aux modifications que l'administration peut apporter aux libéralités qui lui sont présentées, il
importe de distinguer si ces libéralités sont des
donations entre-vifs ou de legs.

Si ce sont des donations entre-vifs, l'administra-

(1) Arrêt de la Cour d'Aix du 5 juin 1809.
(2) Avis du comité de l'intérieur du 1er décembre 1830.
(3) Avis du conseil du 9 janvier 1834.

tion n'hésitera pas à demander au donateur de modifier sa donation dans le sens qu'elle lui indiquera, afin que, ainsi modifiée, elle soit présentée de nouveau à son autorisation.

S'il s'agit d'un legs, l'impossibilité de faire refaire au testateur le testament qu'il a laissé est un obstacle invincible qui ne peut être levé que par le pouvoir discrétionnaire attribué à l'administration. Elle modifiera donc le legs si elle le juge absolument nécessaire, mais en respectant autant que possible les dernières volontés du testateur.

SECTION II.

Refus d'autorisation.

Deux hypothèses semblables à celles que nous avons examinées dans le cas d'acceptation peuvent également se représenter au cas de refus d'acceptation de la libéralité.

En effet, l'administration peut n'avoir qu'à confirmer le refus de la libéralité, proposé par l'établissement auquel le don ou legs est destiné; ou bien elle peut refuser d'autoriser l'acceptation contrairement au vœu de l'établissement et à la délibération prise par ses administrateurs.

Il ne peut y avoir de difficulté au cas où l'autorité supérieure, en refusant l'autorisation d'accepter à l'établissement donataire, ne fait qu'adhérer au vœu émis par cet établissement dans le même sens.

Nous n'avons donc à nous arrêter un instant que sur le cas où l'administration prescrit le refus de la libéralité, contrairement au vœu de l'établissement qui avait demandé l'autorisation de l'accepter.

La légitimité d'une pareille mesure se justifie par le pouvoir souverain et la haute tutelle qui appartient à l'administration en ces matières : les établissements publics étant incapables de prononcer par eux-mêmes d'une manière définitive sur leurs propres intérêts quant aux dons ou legs qui peuvent leur être faits.

C'est ainsi que nous verrons le maire ayant la capacité d'accepter provisoirement les libéralités faites à la commune, et le préfet pouvant refuser d'en autoriser l'acceptation définitive.

On peut dire que l'administration supérieure refuse rarement d'une manière absolue les libéralités qui sont soumises à son agrément : elle prend plutôt le parti de les réduire.

Quand elle croit devoir prononcer un refus, c'est qu'elle envisage avant tout la position intéressante des héritiers et leur degré de parenté avec le testateur. D'autres circonstances plus ou moins décisives peuvent également déterminer l'administration dans son refus d'autorisation.

Le consentement des héritiers à la délivrance du legs fait à un établissement public n'empêche point un refus de la part de l'autorité administrative, attendu que la considération de la position des héritiers n'est qu'un des éléments de sa décision.

On a vu le conseil d'État se fonder sur des motifs purement politiques pour décider, malgré le consentement donné à la délivrance par la légataire universelle, qu'il n'y avait pas lieu d'autoriser une fondation en faveur d'un établissement de bienfaisance (1).

Dans une autre circonstance, il a rejeté le legs fait par un testateur de toute sa fortune au profit de vingt - trois communes et au préjudice de simples cousins au quatrième degré (2).

Les faits et circonstances ont du reste un si grand empire en cette matière, qu'on ne saurait prétendre poser *à priori* des règles absolues sur les motifs qui peuvent déterminer l'administration à refuser son autorisation.

SECTION III.

Réduction par l'administration supérieure des libéralités faites aux établissements publics.

Il s'agit ici de la réduction par l'autorité supérieure des libéralités qu'elle juge excessives.

(1) Fondation faite par le duc de Bourbon, prince de Condé, dans son testament, en faveur d'un établissement de bienfaisance pour les enfants et descendants des officiers et soldats des armées de Condé et de Vendée. [Ordonnance du 12 juillet 1833 (*Bulletin des lois*).]

(2) Avis du 20 juillet 1855.

Cette réduction, qui n'a aucun rapport avec la réduction des libéralités excédant la quotité disponible, peut avoir lieu lors même qu'il n'existe pas d'héritiers à réserve ou de proches parents du testateur. Il convient en effet à la nature et au rôle du pouvoir administratif de veiller sur les intérêts des particuliers, même lorsqu'ils sont simplement froissés.

L'administration supérieure se guide, dans l'exercice du pouvoir qu'elle a de réduire, d'après les considérations que nous avons passées en revue à propos de l'autorisation et du refus d'acceptation. Quand elle estime qu'il y a lieu à réduire, elle donne alors l'*autorisation d'accepter pour partie seulement*.

Il peut arriver, mais il est rare, qu'elle réduise d'office les libéralités. Elle les réduit en général sur les réclamations des héritiers. La réduction peut s'appliquer à des legs ou à des donations entre-vifs.

§ 1. *Réduction des legs.* — L'utilité de cette mesure nous est attestée par Merlin (1). Elle avait alors un caractère judiciaire, et était à la discrétion des parlements.

Elle a l'avantage de respecter, du moins en par-

(1) Merlin constate « qu'on ne faisait, dans la plus grande partie de la France, que réduire les institutions d'héritiers ou legs universels. » (V° *Institution d'héritier*, sect. v, § 1.)

tie, les intentions du testateur en conciliant l'intérêt des familles avec celui des établissements
légataires.

Elle peut s'appliquer aussi bien aux legs particuliers qu'aux legs universels ou à titre universel.

Toutefois, la légalité de la mesure en elle-même
a été vivement attaquée à l'occasion d'un legs fait
à un hôpital « de tout ce que les lois permettaient
« au testateur et l'autorisaient à donner au jour de
« son décès. » Ce testament, confirmé par trois co-
dicilles successifs, donnait lieu aux réclamations
de collatéraux au second et au troisième degré,
fondées sur la folie du testateur ou sur son ressen-
timent à leur égard. Le préfet du département de
la Somme où était situé l'hôpital, proposait une
réduction de moitié.

La section de l'intérieur, sur le rapport de M. le
comte Molé, émit l'avis « que si le legs était bon
« pour moitié, il était bon pour le tout, qu'on ne
« pouvait porter atteinte à l'intégrité du legs sans
« enfreindre les dispositions du Code, et sans pri-
« ver le testateur du droit que la loi lui accorde
« et qu'il invoque... »

Cet avis parfaitement motivé, qui réservait d'ailleurs le cas d'indigence où se trouveraient les héritiers présomptifs pour faire droit à leur réclamation, ne fut pas adopté par le conseil d'État
qui n'accorda à l'hôpital légataire universel en
vertu du testament, qu'un quart des biens, en

décidant que les trois autres quarts seraient recueillis par les héritiers naturels (1).

Dans ce projet de décret, qui fut approuvé par l'empereur, le conseil d'État qui, il est vrai, a un pouvoir discrétionnaire en cette matière, mais qui doit cependant, comme nous le verrons, laisser quelque chose à faire à l'autorité judiciaire, nous paraît dans cette circonstance avoir pris sa place et son rôle.

La réclamation des héritiers n'aurait dû, ce semble, déterminer le conseil d'État qu'autant qu'elle aurait été fondée sur leur état d'indigence; or, dans l'espèce proposée, leur réclamation était uniquement fondée sur des moyens de nullité, comme la folie, dont la connaissance appartient plutôt aux tribunaux. Il aurait mieux valu, du moins, comme le voulait la section de l'intérieur et son rapporteur, valider ou annuler le testament pour le tout, *sauf le recours des héritiers devant les tribunaux.*

§ 2. *Réduction des donations entre-vifs.* — La réduction des donations entre-vifs peut s'opérer aussi bien que celle des legs, en ce sens que l'administration qui estime qu'il y a lieu de ne pas donner son autorisation à une donation trop importante, fera inviter le donateur à modifier sa donation dans le sens et dans la mesure qu'elle indiquera.

(1) Décret du 18 juin 1809.

Si le donateur tient à réaliser son intention primitive qui était de gratifier d'un don l'établissement qu'il avait désigné, il obtempérera à la demande de l'administration, réduira lui-même son offre, et l'autorisation d'accepter la libéralité ainsi réduite sera définitivement accordée à l'établissement.

A n'y regarder que superficiellement, ce n'est là que la réduction de la donation entre-vifs primitive, mais, en droit, il est évident que c'est une nouvelle donation.

§ 3. *Sort des biens retranchés de la libéralité par l'effet de la réduction administrative.* — Une fois la réduction de la libéralité arrêtée par le Conseil d'État, que deviennent les biens distraits de la donation ou du legs?

Quand il s'agit d'une donation entre-vifs, les biens retranchés de la donation doivent rester au donateur.

Quant aux legs, les biens qui en sont distraits doivent-ils être nécessairement répartis entre les héritiers, suivant le droit commun en matière de successions, c'est-à-dire d'après l'ordre ou le degré dans lequel ils sont appelés par la loi civile? L'administration peut-elle pousser le pouvoir discrétionnaire qu'elle a en cette matière, jusqu'à réglementer elle-même, suivant les circonstances et le besoin des héritiers, le sort des biens qu'elle a cru devoir enlever à l'établissement légataire?

On sent toute l'importance de cette question et le danger qu'il y aurait à laisser au gouvernement sur ce point le pouvoir arbitraire que nous lui avons reconnu quand il s'agissait de décider s'il y avait lieu ou non à réduction.

Il nous paraît que le gouvernement ou l'administration commettrait un excès de pouvoir, si elle réglait elle-même la dévolution des biens devenus libres par la réduction, et qu'il pourrait y avoir lieu à un recours des héritiers lésés contre sa décision par la voie contentieuse.

En effet, il n'y aurait pas seulement ici des intérêts froissés, il y aurait des droits résultant de la loi civile méconnus.

Il est possible qu'en fait, parmi les héritiers appelés à succéder au testateur, il y en ait dont la position soit plus malheureuse que celle des autres, et que ce soit précisément la situation de fortune de ceux-là sur laquelle l'attention de l'administration a été appelée et qui l'ait déterminée à réduire le legs fait à l'établissement public; mais ce n'est pas une raison pour exclure du bénéfice de la réduction ceux qui, plus fortunés, sont héritiers et successibles au même titre. Ici, la loi civile doit reprendre tout son empire.

Ce ne sont pas toujours les héritiers *ab intestat* qui sont appelés à profiter de la réduction des libéralités. Ce peut être aussi bien un tiers appelé à recueillir le legs fait à un établissement public

au cas où cet établissement ne le recueillerait
pas (art. 898). Il a été jugé par la Cour de cassation, dans le cas d'un refus d'autorisation fait
aux hospices d'accepter un legs, que *le gouvernement n'avait pas le droit de faire tourner ce refus
au profit seul de quelques-uns des héritiers ou
légataires* (1).

Un légataire institué conjointement avec un établissement peut il profiter de la réduction du legs
fait à cet établissement? Cela nous paraît évident.
En effet, l'établissement légataire, par le fait de la
réduction, n'ayant été jugé capable de recueillir le
legs que pour partie (art. 1043), le légataire qui ne
pouvait recueillir qu'une partie à cause du concours
de l'établissement (*concursu partes fiunt*), a un droit
incontestable sur la portion réduite (art. 1044,
1045).

Le conseil d'État a appliqué les principes exposés
plus haut. C'est ainsi que, dans l'avis consacré par
décret de 1809, concernant l'hôpital d'Abbeville,
et qui réduisait des *trois quarts* le legs fait à cet
établissement, il est dit « qu'ils seront recueillis
« par les héritiers naturels et *partagés entre eux*
« *selon les lois.* »

Les mêmes principes se trouvent encore appli-

_____

(1) Cassation, 6 juin 1815. — L'arrêtiste complète ainsi la pensée
de l'arrêt: Lorsque le gouvernement, sur la demande de l'héritier
naturel d'une succession, refuse d'autoriser l'acceptation d'un legs,
il ne donne rien à l'héritier. Ce n'est là qu'une abstention laissant les
choses à leur cours naturel. Si donc il se trouve un deuxième institué, celui ci est autorisé à réclamer.

qués d'une manière saillante dans un autre avis qui
porte :« Que la partie réduite doit *faire retour à la*
« *succession* et *profiter à tous ceux qui justifient*
« *ou qui pourraient justifier de leurs droits* (1). »

—◇◇—

CHAPITRE III.

MESURES CONSERVATOIRES RÉGLÉES PAR LES LOIS OU ORDONNANCES OU PRESCRITES PAR L'ADMINISTRATION DANS L'INTÉRÊT DES ÉTABLISSEMENTS DONATAIRES OU LÉGATAIRES.

§ 1. Indépendamment des mesures prescrites
par des lois spéciales pour la conservation des biens
donnés ou légués à certains établissements et qui
notamment permettent aux représentants de la personne morale d'accepter, *à titre conservatoire*, les
libéralités qui lui sont faites (2), nous mentionne-
rons ici les art. 4 et 5 de l'ordonnance du 2 avril
1817, qui s'appliquent à la conservation des dons
et legs faits à tous les établissement d'utilité publique
en général.

L'art. 4 de l'ordonnance, prévoyant le cas où le

(1) Avis du 31 août 1841.

(2) Loi du 18 juillet 1837, art. 49. — Loi du 10 mai 1838, art. 31. —
Loi des 7-13 août 1851, art. 11.

donateur ou testateur aura omis de pourvoir lui-même à l'emploi à faire des sommes qu'il aura données ou léguées à l'établissement, ou aux mesures à prendre pour la conservation ou la vente des effets mobiliers faisant partie de la libéralité, prescrit que les ordonnances et arrêtés d'autorisation détermineront,« pour le plus grand bien des établissements, » cet emploi ou ces mesures de conservation.

C'est ainsi que si le testateur a légué une somme d'argent *une fois payée* à un établissement charitable ou autre, l'administration supérieure, dans sa sollicitude pour la prospérité de cet établissement, pourra prescrire, en autorisant l'acceptation du legs, que la somme soit placée en rentes sur l'État. Ce sera un acte de sage tutelle (1).

L'art. 5 de l'ordonnance précitée prescrit à tout notaire dépositaire d'un testament contenant un legs au profit d'un établissement public d'en donner avis à cet établissement, lors de l'ouverture ou publication du testament.

Cette disposition a une grande importance pour les établissements légataires. En effet, si on avait laissé aux héritiers du testateur le soin d'exécuter le legs, il aurait pu arriver que des individus de mauvaise foi, ayant plus à cœur leur propre intérêt que celui d'un établissement d'utilité publique,

(1) De cette manière, la fondation aura une durée et une utilité plus grande, puisqu'elle fera face ainsi à des besoins qui se renouvellent périodiquement.

se fussent bien gardés d'informer ce légataire in-
commode de la libéralité contenue à son profit dans
le testament de leur auteur. Un officier public,
désintéressé dans la question, est chargé de ce
soin.

Le même art. 5 porte « qu'en attendant l'ac-
« ceptation, le chef de l'établissement fera tous
« les *actes conservatoires* qui seront jugés néces-
« saires. »

Nous comprendrons parmi ces actes conservatoires les interruptions de prescription, le droit
de faire des saisies-arrêts, de prendre hypothèque,
d'assister aux levées des scellés, aux inventaires, et
à toutes les opérations qui ne supposent pas nécessairement l'exercice d'un droit définitivement acquis. (Art. 821, 882, 1242, 2132, C. Nap.)

Les dispositions du Code Napoléon où il est
question également des *actes conservatoires* que
doit faire le mari pour les biens personnels de sa
femme (art. 1428) et que le créancier conditionnel
est libre de faire pour les biens qu'il a en expecta-
tive, peuvent servir à interpréter en ce point l'ordonnance de 1831. L'art. 1180 du Code Napoléon
est ainsi conçu : « Le créancier peut, avant que la
« condition soit accomplie, exercer tous les actes
« conservatoires de son droit. » Or, dans notre
matière, l'autorisation à intervenir est une véritable
condition qui affecte le don ou legs dont l'effet
reste en suspens.

Notons ici que, pour faire les actes conservatoires,

il n'est pas nécessaire d'une autorisation du pouvoir central, ni même du conseil de préfecture.

§ 2. La demande en délivrance d'un legs est-elle un acte conservatoire qui puisse être fait avant que l'autorisation du gouvernement soit accordée? C'est là une question controversée dont on comprend tout l'intérêt pratique. En effet, s'il s'agit d'un legs particulier, d'un legs universel, si la demande est faite après l'année ou d'un legs à titre universel, les intérêts sont dus à compter de la demande régulièrement formée, sans qu'il y ait, selon nous, de distinction à faire selon l'époque où elle est faite, en ce qui touche le legs à titre universel. Cette question nous paraît avoir été tranchée d'une manière formelle, en ce qui touche les communes, les départements et les hospices, par les lois de 1837, 1838 et 1851. L'*acceptation provisoire* que peuvent faire leurs représentants légaux et l'effet rétroactif de l'autorisation du gouvernement au jour de cette acceptation, nous semblent devoir faire décider que les intérêts des legs faits à ces établissements courront à compter de la demande, laquelle pourra être formée aussitôt après la délibération prise par le conseil établi près l'établissement intéressé. Nous développerons cette idée quand nous traiterons des dons et legs faits aux communes.

En ce qui concerne les donations entre-vifs, nous verrons qu'en présence des textes énoncés ci-dessus, et pour les établissements auxquels ils se rapportent, il ne peut y avoir de doute que les intérêts doivent courir à compter de l'acceptation provisoire.

Pour tous les autres établissements publics ou d'utilité publique auxquels un texte de loi n'a pas conféré le droit d'acceptation provisoire, nous pensons qu'ils ne peuvent prétendre droit aux intérêts des dons ou legs qui leur sont faits qu'à partir de l'acceptation ou de la demande en délivrance formée une fois l'autorisation du gouvernement obtenue.

Ce système, conforme aux dispositions des articles 910 et 937 du Code Napoléon, a été adopté par la jurisprudence (1).

§ 3. Après avoir parlé dans un premier paragraphe de certains modes de conservation des biens donnés ou légués aux établissements publics, nous pouvons dire un mot du bénéfice d'inventaire comme étant applicable aux établissements publics institués héritiers aussi bien qu'aux particuliers.

Ce mode d'acceptation va-t-il de droit pour les établissements publics comme pour les mineurs (art. 461), ou bien a-t-il besoin d'être formulé par l'administration en même temps que l'autorisation d'accepter un legs universel ou à titre universel?

C'est là une question qui, par elle-même, n'au-

____

(1) Cass., 24 mars 1852. — Paris, 27 janvier 1851.

rait pas un grand intérêt pratique, si elle ne dé-
pendait d'une autre plus générale, celle de savoir
si la position faite par la loi aux établissements publics est identique à celle qui est faite aux mineurs.
On conçoit qu'il ne peut s'agir ici que des dispositions relatives aux biens.

Nous trouvons dans l'art. 2045 du Code Napoléon des règles posées pour les mineurs en même
temps que pour les communes et les établissements
publics.

Les demandes qui intéressent l'État et le domaine,
les communes, *les établissements publics, les mineurs,* etc., etc., sont dispensées du préliminaire de
conciliation (art. 49, C. pr.). Enfin, l'art. 83 du
même Code met sur la même ligne comme causes
communicables au ministère public, celles qui con-
cernent les communes, les établissements publics et
les tutelles.

L'art. 2121 met les établissements publics sur la
même ligne que les mineurs au point de vue de
l'hypothèque légale qui leur est attribuée « sur les
« biens des receveurs et administrateurs compta-
« bles. »

Quand l'État, les communes, les *établissements
publics* et les *mineurs* n'ont pas été défendus ou ne
l'ont pas été valablement, ils peuvent également se
pourvoir par la voie de la requête civile (art. 481,
C. pr.).

A côté de ces articles, il en est d'autres où il n'est
question que des mineurs : ainsi l'art. 2252 du

Code civil en matière de prescription (1) et l'article 461 qui dit pour les mineurs seulement : « Que l'acceptation n'aura lieu que sous bénéfice « d'inventaire. »

Nous concluons, du rapprochement de ces différentes dispositions, que les établissements publics n'étant pas absolument et dans tous les cas assimilés aux mineurs, il leur faut une autorisation expresse d'accepter sous bénéfice d'inventaire, sans quoi ils seraient tenus des dettes *ultra vires* et ne pourraient profiter des autres avantages conférés par la loi à l'héritier bénéficiaire. Toutefois, l'administration supérieure ayant omis de dire dans le décret d'autorisation que le legs serait accepté sous bénéfice d'inventaire, nous ne voyons pas pourquoi l'établissement intéressé ne pourrait pas lui-même suppléer cette omission (2).

Quand le conseil d'État ne prescrit pas l'acceptation sous bénéfice d'inventaire, c'est qu'ayant apprécié à peu près les forces de la succession, il n'a pas vu la nécessité d'allonger encore les délais et de faire faire les frais que nécessitent les formes d'une pareille acceptation, surtout pour la vente des immeubles (art. 806. C. Nap. — 987. C. pr.).

(1) L'art. 2227 du Code Napoléon soumet les établissements publics et les personnes morales que nous comprenons sous cette dénomination, aux mêmes prescriptions que les particuliers.

(2) L'administration de l'assistance publique préfère même qu'on ne lui fasse pas, dans les décrets d'autorisation, l'injonction d'accepter sous bénéfice d'inventaire, ce qui montre qu'elle peut prendre sur elle d'accepter ainsi.

CHAPITRE IV.

RESPONSABILITÉ DES ADMINISTRATEURS DES ÉTABLISSEMENTS PUBLICS.

Nous n'avons aucune loi générale qui régisse les questions de responsabilité pour les administrateurs, c'est donc le droit commun résultant de la loi civile qui doit nous guider ici.

Des jurisconsultes se sont appuyés sur un passage d'un rapport de M. Jaubert au tribunat, pour dire avec lui que les administrateurs ne « doivent être soumis qu'à la responsabilité attachée à leurs fonctions (1). »

Cette formule nous paraît être un peu vague.

Nous pensons qu'il faut distinguer à cet égard, entre les administrateurs ayant le caractère de fonctionnaires publics ou d'agents du gouvernement, et ceux « dont le mandat est puisé à une source étrangère à l'autorité impériale et seulement appelés à représenter des personnes morales pour la gestion de leurs intérêts particuliers (2). »

Pour poursuivre les premiers devant les tribunaux ordinaires, il faut une permission de l'autorité supérieure (décret des 7, 14 octobre 1790),

(1) Grenier, n° 166. — Duranton, t. VIII, n° 323.
(2) Traité de droit administratif, de Dufour, t. VI, n° 425.

qui, d'après la constitution de l'an viii, doit être accordée par le conseil d'État (loi du 22 frimaire an VIII, art. 75).

En ce qui touche les administrateurs qui ne sont ni *fonctionnaires publics* ni *agents du gouvernement*, comme les membres des conseils de fabrique, les administrateurs des établissements d'utilité publique, nous pensons qu'ils peuvent être cités *de plano* devant la juridiction commune, pour avoir à y répondre de leurs faits de gestion (1).

On peut, sans sortir de notre sujet, citer des cas où la responsabilité des administrateurs se trouvera engagée.

Ainsi un maire ne réunit pas son conseil municipal pour délibérer sur l'acceptation d'une donation faite à sa commune, parce qu'il juge, de son autorité privée, que la donation n'est pas avantageuse. En attendant, le donateur retire son offre, et le bienfait est perdu pour la commune. Nous pensons que, dans ce cas, le maire devrait être tenu personnellement sur ses biens du préjudice causé à la commune, en vertu de l'art. 1383. Le préjudice est réel, car si le maire avait accepté provisoirement la donation conformément à la délibération du conseil municipal, le donateur, comme nous le verrons plus loin, aurait été lié.

Si l'acceptation ou la transcription d'une donation entre-vifs n'a pas été faite par l'administrateur

(1) Dufour, *eod. loc.,* cite plusieurs arrêts rendus en ce sens.

ou directeur de l'établissement donataire, nous pensons que cet établissement ne pouvant être restitué contre le défaut d'acceptation ou de transcription de la donation, un recours doit lui être ouvert contre ses administrateurs, par analogie de ce qui est décidé par l'art. 942 contre le tuteur et le mari.

On peut encore supposer que l'état estimatif prescrit par l'art. 948 du Code Napoléon n'ait pas été dressé par les soins des administrateurs dans le cas d'une donation mobilière faite à un établissement public. L'absence de cet acte peut porter un préjudice sérieux à l'établissement, surtout si on se place dans l'hypothèse où le donateur se serait réservé, en faisant sa donation, l'usufruit des objets mobiliers (art. 950).

On pourrait se demander si l'hypothèque légale établie par l'art. 2121 du Code civil au profit de l'État, des communes et des *établissements publics* sur les biens des receveurs et *administrateurs* comptables, doit en thèse générale frapper les biens des administrateurs pour la garantie de leur question.

La réponse ne nous semble pas douteuse d'après l'interprétation donnée communément à l'art. 2121. Ce seront seulement les *administrateurs comptables* qui en seront grevés. Or, les comptables sont ceux qui ont le maniement de fonds publics, comme les receveurs généraux, les payeurs, les receveurs des communes, les receveurs des hospices et tous les autres fonctionnaires désignés dans la loi du 5 septembre 1807 (art. 7).

Il résulte de là que ceux qui ne font que diriger l'administration des communes, établissements publics ou d'utilité publique, ne peuvent avoir leurs biens frappés d'hypothèque légale, et qu'ainsi c'est à tort qu'on prétendrait qu'un maire ou l'administrateur d'un hospice est grevé de cette hypothèque (1).

———⟨⟨⟩⟩———

CHAPITRE V.

§ 1. *Caractère des décisions prises par l'administration supérieure portant autorisation ou refus d'autorisation d'accepter des dons ou legs faits à des établissements publics.* — Ces décisions étant des actes de pure administration et de simple tutelle, elles sont souveraines et ne peuvent être l'objet d'un recours par la voie contentieuse.

Et quant à un recours par la voie gracieuse, il est aussi bien évident qu'il ne peut être formé. La raison en est donnée d'une manière très-nette par un auteur : « L'ordonnance d'autorisation, dit-il, n'est prise qu'après avoir entendu les héritiers du testateur, qui présentent leurs observations par la

_____

(1) On a été jusqu'à soutenir, mais sans succès, que le fermier d'un hospice était un comptable dans le sens de l'art. 2121 (Cass., 3 juillet 1807).

voie gracieuse. La faculté de remontrance dont ils jouissent est épuisée par ce débat (1). »

M. de Cormenin se place dans l'hypothèse d'un legs, car s'il s'agit d'une donation entre-vifs, les héritiers présomptifs du donateur ne peuvent pas réclamer auprès de l'administration supérieure.

Notons cependant que le caractère de la décision administrative n'empêcherait pas un recours de la part des héritiers par la voie contentieuse, si le legs étant fait à un établissement religieux ou à une congrégation religieuse, on avait négligé d'appeler par acte extra-judiciaire les héritiers connus à prendre connaissance du legs, et à donner leur consentement à son exécution ou produire leurs moyens d'opposition (art. 4 ordonnance du 14 janvier 1831). Il y aurait, en effet, ici non pas seulement un simple *intérêt* froissé, mais un véritable *droit* violé (2).

§ 2. *Limites respectives du droit du gouvernement et de la compétence des tribunaux, touchant les réclamations des héritiers.* — Une théorie sur ce point est chose délicate et difficile à établir. Nous ne pouvons qu'en donner une idée générale en nous appuyant sur la jurisprudence.

La séparation du pouvoir administratif et du pouvoir judiciaire qui est un des principes essentiels de notre ordre social, doit être respectée ici comme

(1) De Cormenin, *Questions de droit administratif,* v° Hospices.
(2) Dufour, t. v, tit. 11, chap. 16, n° 613.

en toute autre matière. Si le pouvoir de haute tutelle sur les établissements publics doit être exclu-
sivement réservé à l'administration, celle-ci ne doit
pas non plus empiéter sur le rôle de l'autorité judiciaire.

Or, on peut dire en théorie que l'administration
supérieure, qui, il est vrai, ne doit compte à personne de ses décisions et de ses motifs, ne devrait
cependant prendre une détermination que d'après
des réclamations fondées sur leur position de fortune, leurs besoins comparés à l'avantage fait à
l'établissement public, leur degré de parenté avec
le testateur, la situation de l'établissement lui-
même, etc.

Toute réclamation fondée sur un ordre d'idées
dont l'examen appartient à une autre autorité ne
devrait pas en principe être admise par le conseil
d'État.

Nous verrons en effet que c'est aux tribunaux
que doit être réservée la connaissance des réclamations fondées sur la nullité des actes mêmes de disposition ou des clauses qu'ils contiennent. Ces
réclamations prennent alors le caractère de véritables actions judiciaires. Autrement dit, les tribunaux
doivent être les seuls juges de la validité des actes
qui investissent les établissements publics ; eux
seuls doivent examiner si la loi civile a été ou non
violée et si les *droits* des parties intéressées ont été
méconnus.

Ces principes essentiels ont été tantôt appliqués,

tantôt méconnus par l'administration supérieure, ainsi que nous le verrons plus loin.

En 1807, à l'occasion d'un testament contenant un legs de la presque totalité de la fortune de la testatrice pour l'éducation d'enfants pauvres, le ministre de l'intérieur, auquel appartenait l'examen de l'affaire, tout en reconnaissant que la testatrice *s'était abusivement dépouillée des affections de la nature*, voulait, par des raisons de *convenance*, enlever aux tribunaux le procès que les parties intéressées étaient disposées à intenter.

Mais le conseil d'État décida que, « puisque l'on ne pouvait pas et que l'on n'articulait même pas que les héritiers réclamants fussent dans la pauvreté, les allégations de faux ou de suggestion par lesquelles on arguait de nullité le testament, étaient du ressort des tribunaux et pourraient y être jugées (1). »

Le conseil d'État a encore sainement appliqué les principes dans les circonstances remarquables que voici : Il s'agissait d'un testament qui avait été lacéré par le mari de la nièce et unique héritière du testateur. Il était de notoriété publique que le testament contenait des legs au profit de divers établissements publics pour la moitié environ des biens composant la fortune de la testatrice.

Le conseil d'État, au lieu de commencer par autoriser l'acceptation au profit des établissements

(1) Projet de décret approuvé le 31 mai 1807. — Dans l'espèce, les héritiers étaient proches parents du testateur.

légataires, en faisant procéder à une enquête pour s'édifier sur la réalité du testament et la désignation desdits établissements, prit un parti plus sage, qui était celui de surseoir à statuer sur la demande en autorisation, après examen des faits par l'autorité judiciaire, sauf à donner l'autorisation une fois les dispositions testamentaires reconnues par les tribunaux (1).

Nous avons dit que le conseil d'État a quelquefois empiété sur la compétence des tribunaux. Nous croyons en trouver un exemple dans un décret du 31 octobre 1810, rendu dans les circonstances suivantes : Il s'agissait d'une testatrice qui, par un premier codicille, avait laissé quatre arpents de pré à un hospice. Par un second codicille, elle avait ordonné qu'un arpent fût distrait en faveur d'une fille naturelle, à condition que *dans le cas où celle-ci viendrait à décéder sans enfants, la portion d'immeuble dont elle aurait joui retournerait à l'hospice.* C'était là une véritable substitution prohibée (art. 896, C. Nap.).

Le conseil d'État crut devoir trancher lui-même la question, et conserva les quatre arpents de pré en propriété à l'hospice, en abandonnant à la légataire la jouissance de l'arpent grevé de substitution, pensant ainsi *concilier le respect dû à la loi* avec le respect dû aux volontés de la testatrice.

(1) Avis du conseil d'État du 17 juin 1835.

Citons maintenant l'exemple d'un cas où les tribunaux ont dépassé les limites de leur compétence en tranchant des questions qu'ils ne sont pas appelés à décider.

Un tribunal de première instance, saisi d'un procès relatif à un bureau de bienfaisance qui, par arrêté du gouvernement, avait été autorisé à accepter des legs faits aux pauvres ou à des sœurs de charité, crut pouvoir prononcer l'incapacité des légataires et déclarer les legs caducs.

Or, le gouvernement, en vertu de son pouvoir discrétionnaire, avait pu valablement désigner le bureau de bienfaisance, personne morale et représentant légal des pauvres, pour recueillir les legs, et les tribunaux n'avaient pas à revenir sur ce chef.

Aussi, à la suite de cette décision, et sur l'avis de la commission du contentieux, le conseil d'État entendu, un décret fut-il rendu, qui annulait le jugement de première instance *en ce qu'il avait prononcé sur la capacité du bureau de bienfaisance pour accepter les legs dont il s'agissait* (1).

(1) Décret du 25 janvier 1807, art. 1.

CHAPITRE VI.

ACTION EN JUSTICE DES TIERS INTÉRESSÉS CONTRE LES LIBÉRALITÉS DONT L'ACCEPTATION A ÉTÉ AUTORISÉE.

Le principe de cette action, qui, avant d'être consacré par un texte de loi, existait déjà virtuellement, a été formulé par l'art. 7 de l'ordonnance du 2 avril 1817, relative aux établissements ecclésiastiques et à tous autres établissements d'utilité publique (1). Cet article est ainsi conçu :

« L'autorisation pour l'acceptation ne fera au-
« cun obstacle à ce que les tiers intéressés se pour-
« voient par les voies de droit, contre les dispo-
« sitions dont l'acceptation aura été autorisée (2). »

Nous trouvons dans un auteur un passage qui, sans se référer particulièrement à l'ordonnance précitée, nous paraît en donner un excellent commentaire, quand il nous dit, à propos d'un legs fait aux hospices, « que l'autorisation pour
« recevoir n'étant qu'une exception au droit com-
« mun, du moment que les hospices (disons d'une
« manière générale les *établissements publics*) l'ont
« obtenue, ils rentrent dans les droits d'un léga-
« taire ordinaire, qui reste propriétaire incommu-

(1) Ordonnance rendue en vertu de la loi du 2 janvier 1817 et de l'art. 910 du Code civil.

(2) Ceux qui veulent agir contre l'État, un département, une commune ou un hospice, doivent préalablement adresser au préfet un mémoire qui interrompt la prescription.

« table de l'objet légué jusqu'à ce que les héri-
« tiers aient fait annuler, par les voies de droit,
« les dispositions du testament qui blessent leurs
« intérêts (1). »

Voyons successivement et aussi brièvement que
possible : 1° quels peuvent être les tiers intéressés
à exercer une action en justice ; 2° les motifs de
droit qui peuvent servir de fondement à cette action ; 3° son influence sur les effets de l'autorisation administrative.

§ 1. *Tiers intéressés à se pourvoir par les voies
de droit contre les dispositions dont l'acceptation a
été autorisée.* — En traitant de la réduction des
libéralités excessives, prononcée dans certains cas
par l'administration, nous avons vu quel était le
sort des biens enlevés ainsi aux établissements donataires ou légataires, et nous avons recherché
quelles étaient les personnes qui pouvaient en
profiter.

Celles que nous avons indiquées peuvent se
pourvoir en justice si elles ont des moyens de
droit pour attaquer les dispositions faites à leur
préjudice.

Ainsi, et en première ligne, les héritiers *ab intestat* pourront exercer une action en justice.

Un légataire universel ou à titre universel pourra
attaquer une commune ou un établissement pu-

(1) M. de Cormenin, *Questions de droit administratif*, v° Hospices.

blic auquel un legs particulier ou à titre universel
a été fait.

Le légataire institué conjointement avec un établissement public et une personne substituée vul-
gairement à l'établissement institué légataire seront évidemment des *tiers intéressés* et pourront
par les voies de droit attaquer la disposition faite
au profit de l'établissement.

Parmi les personnes qui peuvent attaquer des
dispositions entre-vifs faites à des établissements
publics, on peut citer les héritiers du donateur qui
demandent aux tribunaux la révocation de la donation pour cause d'inexécution des conditions
(art. 954).

Des créanciers du donateur exerçant les droits
de leur débiteur que celui-ci néglige d'exercer
(art. 1166) ou exerçant l'action révocatoire qui
leur est ouverte par l'art. 1167, peuvent encore être
considérés comme des *tiers* intéressés à agir contre
l'établissement donataire.

§ 2. *Moyens de droit servant de fondement à
l'action des tiers intéressés.* — Pour être complet
sur ce point, il faudrait passer en revue toutes les
causes de nullité des dispositions entre-vifs ou testamentaires, et en procédant ainsi, on s'exposerait
à ne rien dire qui fût plus particulier à notre matière qu'à celle des donations entre-vifs et testaments en général.

Nous reproduirons donc seulement ici quel-

ques-unes des allégations le plus fréquemment
employées pour faire tomber les dispositions favorables aux établissements publics.

Indépendamment des nombreuses actions en
nullité fondées sur des vices de forme, il en est qui
semblent se référer davantage à notre sujet, tant
elles sont fréquentes. Nous voulons parler des actions en nullité fondées sur la suggestion et la cap-
tation.

L'emploi de ce moyen était également usité du
temps de Domat, qui dit : « Que c'est le lieu com-
« mun de tous ceux qui se plaignent des disposi-
« tions d'un testament (1). »

En pareil cas, les tribunaux sont juges souverains
des faits et n'annulent en général les actes de dernière volonté qui renferment des dispositions au
profit des personnes morales ou des établissements
publics, qu'autant que les manœuvres frauduleuses
alléguées pour faire tomber le testament sont véritablement constitutives du dol (art. 1109). Quand
la volonté du testateur s'est produite d'une manière suffisamment libre, on la respecte comme
chose sacrée et les tribunaux la font exécuter.
Toute demande en nullité fondée sur des appa-
rences plus ou moins vagues est écartée par eux.

C'est ainsi que les services, les bons offices, les
caresses, les flatteries, les présents, l'intervention
de tierces personnes qui ménagent au légataire la

(1) Domat, Lois civiles (testaments, § 25).

bienveillance du testateur, ne sont pas en principe des causes de nullité, « encore bien que ces sortes de voies puissent blesser ou l'honnêteté, ou la conscience, ou l'une et l'autre, les lois humaines n'y ayant pas imposé de peines (1). »

L'imbécillité, la démence ou la fureur sont encore des moyens de nullité souvent invoqués devant les tribunaux contre des legs faits à des établissements charitables, religieux ou autres; mais les juges ne doivent se décider à annuler les dispositions faisant grief aux héritiers naturels qu'en présence de preuves bien établies, ces moyens ayant le caractère de ceux que Domat qualifiait de *lieux communs.*

Les fidéicommis sont aussi une source féconde de procès, surtout quand la disposition est faite sous cette forme pour avantager certains établissements qui, n'étant pas reconnus par le gouvernement, n'ont pas de personnalité civile. Dans ce cas, les héritiers manquent rarement d'user de leur droit, et attaquent les dispositions faites au profit de ces établissements comme faisant fraude à la loi, et devant parvenir dans la réalité à des incapables.

Les fidéicommis se rattachent par des liens étroits à la théorie des personnes interposées (art. 911). Mais cette théorie est difficile et même impossible à appliquer aux personnes morales, en ce qui touche les présomptions légales d'interposition établies

_____
(1) Domat, loco cit.

11

par le Code Napoléon, par la raison que ces présomptions sont fondées sur la parenté, l'alliance et les liens du sang qui unissent la personne du donataire apparent à celle du donataire incapable (art. 911, 2°).

Les *dons manuels* donnent lieu aussi à des contestations assez fréquentes.

Il est admis par la jurisprudence qu'ils n'ont pas besoin d'être autorisés, et que l'article 910 ne s'applique pas à cette sorte de libéralités (1), mais nous ne saurions adopter cette manière de voir, qui tient à une confusion entre les questions de forme et les questions de capacité. Si l'autorisation administrative était une forme, nous dirions avec le conseil d'État et la Cour de cassation que les dons manuels en sont affranchis; mais l'autorisation administrative est destinée non pas à valider en la forme la libéralité entre-vifs, elle a pour but de lever l'incapacité de l'établissement public, comme l'assistance du curateur lève celle du mineur non émancipé; et, en conséquence, nous inclinons à penser que la nécessité de l'autorisation administrative doit s'appliquer aux dons manuels, attendu que si, en matière de dons manuels, on a consenti à sacrifier les formes, on n'a jamais sacrifié les règles qui régissent les incapables.

§ 3. *Influence de l'action judiciaire sur les effets de l'autorisation administrative.* — L'autorisation

(1) Cass., Req. 26 novembre 1833.

d'accepter le legs étant donnée par l'autorité administrative à l'établissement désigné par le testateur, l'effet de cette autorisation est subordonné au parti que prendront les héritiers.

Elle a des effets définitifs s'ils renoncent à attaquer le testament par les *voies de droit*; ou, si l'ayant attaqué, il a été rendu contre eux un jugement passé en force de chose jugée, qui les déboute de leur action.

S'ils attaquent la disposition qui investit à leur préjudice la personne morale, et qu'ils gagnent leur procès, l'autorisation administrative n'a plus aucun effet, et les héritiers *ab intestat* ou autres ayants droit recueillent, au lieu et place de l'établissement légataire, les biens qui lui avaient été destinés par le testateur.

L'effet de l'autorisation administrative donnée à l'établissement reste donc en suspens en cas de litige, jusqu'à ce que la sentence ait été rendue en dernier ressort par les tribunaux.

TROISIÈME PARTIE.

———◁◇▷———

Règles spéciales aux divers établissements publics en ce qui touche les dons et legs.

——————

Nous diviserons cette partie de notre travail en trois chapitres.

Le premier sera consacré aux établissements publics, qu'on peut classer comme *établissements civils;* le second aux établissements *ecclésiastiques.*

Dans un troisième chapitre, nous dirons quelques mots des établissements d'*utilité publique.*

CHAPITRE I.

ÉTABLISSEMENTS CIVILS.

Sous cette rubrique, nous traiterons successivement des communes, des départements, de l'État
et des établissements d'instruction publique, qui
sont autant de personnes morales ou civiles ayant
la capacité de recevoir des libéralités.

SECTION I.

Communes.

§ 1. *Capacité de recevoir des libéralités.* — Peut-
on faire une disposition entre-vifs ou par testament
au profit d'une commune? telle est la première
question qu'on doit se poser. Sans parler encore
des lois spéciales qui reconnaissent à la commune
le droit de recevoir, nous la rangeons parmi les
personnes qui ont cette capacité, parce que depuis
une époque reculée elle l'a toujours eue; puis,
parce que la loi ne prononce contre elle aucune
incapacité (art. 902); enfin parce que l'art. 910,
en déclarant « que les dispositions faites au
profit des pauvres d'une commune auront leur
effet, » confère à la commune elle-même d'une
manière indirecte la capacité de recevoir à titre
gratuit.

§ 2. *Autorisation pour l'acceptation des libéralités.* — Toutefois, la capacité de la commune

n'existe qu'autant que l'autorité supérieure régularise, par son intervention, la donation proposée.

A ce point de vue, la commune est incapable et l'administration exerce sur elle une véritable tutelle. Nous pouvons la comparer à un mineur qui a pour conseil de famille le conseil municipal, et pour tuteur le maire qui accepte pour elle.

Mais l'acceptation du maire autorisé en vertu d'une délibération du conseil municipal, ne sera que provisoire et n'aura son effet définitif que par l'autorisation administrative. L'homologation du tribunal, au contraire, n'est pas nécessaire pour la validité de l'acceptation de la donation faite au mineur (art. 463).

Après avoir établi d'une manière générale le droit pour la commune de recevoir par dons ou legs et la nécessité d'une autorisation tutélaire, entrons dans le détail de la matière.

Et d'abord plaçons-nous dans l'hypothèse où le don ou legs fait à la commune est accepté par elle.

Sous l'empire du Code Napoléon et avant la loi du 18 juillet 1837, l'art. 910, sans faire aucune distinction, prescrit que « les dispositions entre-vifs ou par testament, au profit des pauvres d'une commune, n'*auront leur effet* qu'autant qu'elles seront autorisées par *une ordonnance royale.* »

Donc, dans tous les cas, qu'il s'agisse d'un don

ou legs mobilier ou immobilier, il fallait à la commune une autorisation émanée du pouvoir central.

L'art. 937 qui exige que les administrateurs des communes soient *dûment autorisés* pour accepter les dispositions faites au profit desdites communes, n'est que le corollaire de ce système.

La loi du 18 juillet 1837 sur l'administration municipale a modifié l'art. 910, en ce qui touche les dons et legs faits aux communes (1).

Elle pose la règle suivante dans son art. 48 : « Les délibérations ayant pour objet les *dons et* « *legs d'objets mobiliers* ou de *sommes d'argent* « faits à la commune et aux établissements com- « munaux, sont *exécutoires en vertu d'un arrêté* « *du préfet, lorsque leur valeur n'excède pas trois* « *mille francs, et en vertu d'une ordonnance du* « *roi, lorsque leur valeur est supérieure ou qu'il* « *y a réclamation du prétendant droit à la succes-* « *sion.* »

Comme on le voit, l'art. 910 conservait encore son application entière dans trois cas :

1° Lorsque le don ou legs *mobilier* excédait 3,000 fr.;

2° Quand il y avait réclamation des prétendants droit ;

----

(1) Un décret du 12 août 1807 avait déjà modifié dans son application l'art. 910 en donnant aux sous-préfets le pouvoir d'autoriser l'acceptation des dons ou legs mobiliers faits aux communes et d'une valeur inférieure à 300 fr.

. Et 3° dans tous les cas où le legs était *immobilier*, de quelque valeur qu'il fût (art. 48).

L'art. 48 de la loi de 1837 opérait seulement une
décentralisation inaugurée par le décret de 1807
et que devait compléter le décret du 25 mars 1852
sur la décentralisation administrative.

Ce décret, après avoir disposé dans son art. 1er :
« Que les préfets statueront sur les affaires com-
« munales qui n'affecteront pas l'intérêt général
« de l'État, » donne plus loin une nomenclature de
ces affaires parmi lesquelles se trouvent compris
les dons et legs (1).

Il résulte du décret que le préfet peut rendre
exécutoires les délibérations des conseils munici-
paux relatives à l'acceptation des dons et legs *de
toute sorte de biens*. La distinction entre les dons
mobiliers et les dons immobiliers se trouve donc
effacée, de même que celle relative au taux de la
libéralité.

Dans un seul cas, le préfet ne pourra pas autoriser lui-même et devra renvoyer l'affaire à l'examen du pouvoir central : c'est *lorsqu'il y aura réclamation des familles*.

Dans ce cas, l'art. 910 conserve encore son empire, et un décret impérial est nécessaire.

Quelle est l'autorité compétente pour refuser en
dernier ressort les dons ou legs faits à la commune ?

Ici, peu importe qu'ils soient mobiliers ou im-

(1) Tableau A annexé au décret n° 12, portant : « Dons et legs de
toute sorte de biens, lorsqu'il n'y a pas de réclamation des familles. »

mobiliers. Sous le régime exclusif de l'art. 910,
le pouvoir central devait toujours intervenir pour
sanctionner le refus fait par le maire en vertu de
la délibération du conseil municipal.

La loi de 1837 a prévu le cas et l'a ainsi réglé :

« Les délibérations qui porteraient refus de dons
« et legs ne sont exécutoires qu'en vertu d'une
« ordonnance royale » (art. 48, 82).

Le décret du 25 mars a-t-il changé quelque chose
à la législation sur ce point ?

Il est resté muet sur la question en ce qui touche
le refus des libéralités faites aux communes.

Il y a évidemment un défaut de concordance
dans les dispositions de ce décret qui, lorsqu'il
s'agit de dons ou legs faits aux départements, règle
le cas d'acceptation ou de refus, en donnant au
préfet le droit de prononcer dans les deux cas (1),
et ne vise que le cas d'acceptation, quand, quelques
numéros plus loin, dans le même tableau, il s'agit
des dons et legs faits aux communes (n° 42, tableau A).

La pratique n'hésite pas à dire que ce n'est là
qu'une omission qu'il faut réparer, et décentralise
encore cette matière, en donnant au préfet le pouvoir de consacrer le refus fait par le maire au nom
de la commune des dons et legs qui lui sont faits,
sans avoir à en référer au pouvoir central. Cette
manière d'appliquer le décret peut trouver son

(1) Tableau A n° 7, portant : « Acceptation ou refus des dons faits
aux départements.... »

correctif dans l'art. 6 qui enjoint aux préfets « de
rendre compte de leurs actes aux ministres com-
pétents et qui permet à ceux-ci d'annuler ou de
réformer leurs arrêtés. »

Toutefois, dans le silence du décret, nous pré-
férerions dire qu'il faut s'en référer à la loi du
18 juillet 1837 qui a statué expressément sur le
cas de refus et qui a exigé une ordonnance royale
pour le consacrer.

Cette opinion, enseignée par M. Laferrière dans
son *Traité de droit public et administratif*, nous paraît avoir un grand intérêt pour les communes (1).
En effet, un refus est une mesure grave qui, prise
à la légère par un conseil municipal et rendue
exécutoire par la seule autorité du préfet, peut être
très-préjudiciable à la commune désignée comme
donataire. Un conseil plus éclairé et aux vues plus
larges, appréciant mieux la délicatesse des motifs
d'acceptation ou de refus et la gravité des intérêts
en jeu, pourra triompher en connaissance de cause
de la résistance des autorités locales et ordonner
l'acceptation de la libéralité.

N'est-il pas d'ailleurs plus conforme aux principes du droit administratif, qu'un conseil plutôt
qu'un agent de l'administration active soit appelé
à délibérer sur la question dont il s'agit? « Déli-
« bérer est le fait de plusieurs, agir est le fait d'un
« seul. »

(1) M. Laferrière, t. ii, liv. ii, p. 628, 4ᵉ édition.

Si, pour le département, il n'en est pas de même, c'est que nous avons un texte formel qui nous interdit de donner la même décision.

— D'après l'art. 937 du Code Napoléon, les donations faites aux communes ne pouvaient être acceptées par leurs administrateurs, *qu'après que ceux-ci avaient été dûment autorisés.*

Ce système avait de graves inconvénients. En effet, le moment de l'autorisation étant souvent reculé fort loin par les lenteurs administratives, il en résultait que si le donateur venait à mourir dans l'intervalle ou même à se repentir, l'offre par lui faite à la commune tombait d'elle-même, et celle-ci perdait le bienfait sur lequel elle avait cru pouvoir compter.

A ne consulter que les principes du droit civil, cette législation était exacte, la commune pouvant être considérée comme une incapable dont l'incapacité n'était levée que par l'autorisation.

Mais à coup sûr le résultat pratique de ce système n'était pas conforme à l'intérêt bien entendu des communes.

Aussi, la loi du 18 juillet 1837 a-t-elle heureusement corrigé cette législation dans le sens même où un membre du conseil d'État aurait voulu qu'on rédigeât l'art. 910 lors de la confection du Code (1).

(1. Page 180.

L'art. 48 *in fine* de cette loi est ainsi conçu :

« Le maire peut toujours, à titre conservatoire,
« accepter les dons et legs, en vertu de la délibé-
« ration du conseil municipal; l'ordonnance du
« roi ou l'arrêté du préfet qui intervient ensuite a
« effet du jour de cette acceptation. »

Comme on le voit, l'innovation consiste :

1° En ce que le maire n'est plus obligé d'attendre l'autorisation du gouvernement pour accepter. Il peut accepter immédiatement en vertu
de la délibération du conseil municipal;

2° Dans l'effet rétroactif de l'autorisation au
jour de l'acceptation.

Il résulte de cette double disposition, en ce qui
concerne les donations entre-vifs, que la pollicita-
tion ou l'offre faite par le donateur à la commune et
acceptée provisoirement par son représentant, ne
peut être retirée par le donateur. Sa mort, arrivée
avant que l'autorisation soit obtenue, ne peut pas
non plus faire tomber la donation.

En effet, du jour où la donation a été acceptée
en termes exprès, elle a engagé le donateur et produit tout son effet, sauf néanmoins la nécessité de
l'autorisation (art. 932); or, son effet principal est
le dépouillement actuel et irrévocable du donateur
au profit du donataire.

On peut dire que l'autorisation à intervenir est
la condition qui affecte toute donation faite à
une commune; du moment où cette condition se
réalise, le droit de la commune est censé avoir

toujours existé à compter de l'acceptation primitive (art. 1179).

En ce qui concerne les legs auxquels s'applique
aussi bien la loi de 1837, et la faculté que l'art. 48
de cette loi donne aux maires de les accepter à *titre
conservatoire*, l'intérêt ne peut être le même que
pour les dons entre-vifs.. Le droit au legs est acquis en principe, s'il est pur et simple, à compter
du jour du décès du testateur. Mais l'exécution du
legs ne peut s'accomplir que moyennant la demande en délivrance faite par le légataire ou en
son nom. Or, nous pensons que cette demande
peut être formée par le maire en vertu de la délibération du conseil municipal avant l'autorisation
du gouvernement, et nous croyons qu'il faut tirer
cette conséquence de l'art. 48 de la loi de 1837.

La question n'est pas purement une question de
théorie. En effet, au point de vue des intérêts et
fruits, elle a, comme nous l'avons vu plus haut (1),
une grande importance, car les intérêts et fruits
des choses léguées sont dus à compter de la demande. Or, si la demande peut être formée, comme
nous le pensons, avant l'autorisation, les fruits et
intérêts échus à compter de ce moment appartien-
dront à la commune.

Il y a sur ce point des distinctions à faire, d'a-
bord suivant qu'il s'agit de dons ou de legs, puis
entre les différentes espèces de legs.

(1) *Voy.* p. 144.

En ce qui concerne la donation entre-vifs, comme elle a tout son effet à compter de l'accep·tation provisoire du maire, moyennant que l'au·torisation du gouvernement intervienne ensuite, nous pensons que les fruits ou intérêts de la chose donnée sont dus à la commune du jour de cette acceptation.

Quant aux legs, en supposant que la commune ait été instituée légataire universelle et qu'il n'y ait pas d'héritiers à réserve, comme elle est saisie de plein droit et qu'elle n'est pas tenue de deman·der la délivrance, notre opinion est qu'elle a droit aux fruits et intérêts des biens légués à compter du décès du testateur.

Quand le legs est à titre universel ou particulier, ou bien quand, étant universel, il y a des héritiers à·réserve, nous pensons que la demande en dé-·livrance, qui seule peut faire courir les intérêts, peut être formée avant l'autorisation du gouver-nement, à moins qu'il ne·s'agisse d'un legs par-ticulier et qu'on ne soit dans l'un des deux cas prévus par l'art. 1015 du Code Napoléon, où les fruits et intérêts courent dès le jour du décès en vertu de la volonté du testateur.

SECTION II.

Départements.

Avant d'en venir aux départements, on pourrait se demander si l'*arrondissement* et le *canton* peuvent recevoir des dons ou des legs.

Quant à l'arrondissement, comme il n'est qu'une section administrative du département, il ne peut posséder et par conséquent recevoir des libéralités. Un décret de 1811 lui avait fait, comme aux départements, des concessions d'édifices; mais la loi du 10 mai 1838 a retiré à l'arrondissement tout caractère de personnalité civile, en conférant au département seul la propriété de ces édifices.

Le canton n'étant qu'une circonscription territoriale, est également incapable de posséder, et n'ayant pas de personnalité civile, ne peut pas non plus recevoir des dons ou des legs (1).

Le département lui-même n'a pas toujours eu la personnalité morale qu'on lui reconnait aujourd'hui.

Dans la pensée de l'Assemblée constituante, le département ne devait être considéré que comme une division administrative. Cela dit assez qu'elle

---

(1) Une fois établie la personnalité civile du département, on en peut tirer cette conséquence que le don ou legs fait à un arrondissement ou à un canton est valable, si la nature de la disposition révèle chez le disposant l'intention de gratifier le département lui-même. (V. M. Laferrière, t. 11, p. 582.)

ne reconnaissait pas la propriété départemen-
tale (1); d'où il suit que le département ne pouvait se composer un patrimoine, en recueillant des
dons ou des legs.

De là vient aussi qu'il n'en est pas question dans
l'article 910 du Code Napoléon, le département,
lors de la confection du Code, n'étant pas encore
une personne morale, pouvant être l'objet de dispositions entre-vifs ou par testament.

C'est un décret du 6 avril 1811, qui a constitué
la personnalité civile des départements, en leur
concédant gratuitement la propriété de certains
édifices et bâtiments nationaux affectés à des services publics (2). Un autre décret du 16 décembre 1811 suppose la personnalité des départements
en mettant à leur charge la réparation et l'entretien des routes départementales. Nous pensons
qu'à dater de cette époque le département a pu
recevoir des dons et des legs.

Toutefois, jusqu'en 1838, nous ne trouvons aucun texte de loi qui règle la matière des dons et
legs adressés au département.

La loi du 10 mai 1838 a comblé cette lacune (3).

(1) La loi des 12-17 avril 1791 déclarait domaines nationaux toutes
les propriétés mobilières et immobilières appartenant aux ci-devant
pays d'État à titre collectif. (Dufour, t. III, n° 606.)

(2) On peut trouver le germe de la personnalité civile du département dans les lois des 22 décembre 1789, 10 janvier 1790, qui sépare
les dépenses de l'État de celles des départements, et du 28 messidor
an IV, qui met à la charge des départements certaines dépenses
d'administration.

(3) Loi sur les attributions des conseils généraux et des conseils
d'arrondissement.

L'art. 3t de cette loi est ainsi conçu : « L'accep-
« tation ou le refus des legs ou donations faits au
« département, ne peuvent être autorisés que par
« une ordonnance royale, le conseil d'État en-
« tendu. »

Il résulte de cet article qu'il n'y avait pas de distinction à faire, et que le pouvoir central devait
toujours être consulté, qu'il s'agit du refus ou
de l'acceptation de dons ou legs, mobiliers ou immobiliers.

Le préfet pouvait seulement accepter, *à titre
conservatoire*, les libéralités faites au département,
et l'autorisation du gouvernement avait effet du
jour de cette acceptation ; ce qui n'était qu'une
application faite au département des dispositions
de la loi de 1837, relatives aux communes. Le décret du 25 mars 1852 a sensiblement modifié l'état
de choses consacré par la loi de 1838.

D'après ce décret, les préfets peuvent statuer
eux-mêmes sur « l'acceptation ou le refus des dons
« faits au département, *sans charge ou affecta-
« tion immobilière*, ou des legs qui présentent le
« même caractère, ou qui ne donnent pas lieu à
« réclamation. »

La modification essentielle opérée par le décret
de décentralisation porte, comme on le voit, sur
le droit réservé jusque-là au pouvoir central, de
prononcer sur l'acceptation ou le refus des dons
et legs, droit qui, en principe, est conféré au
préfet. Toutefois, ce pouvoir ne lui appartient

pas d'une manière absolue, car un décret impérial est nécessaire, comme sous l'empire de la loi de 1838 : 1° si les dons ou legs sont accompagnés de charges ou affectations immobilières (1); 2° s'il y a réclamation des familles.

C'est le conseil général qui est appelé à délibérer sur l'acceptation ou le refus des dons ou legs faits au département.

Si le conseil général est d'avis d'accepter la libéralité et que le préfet soit d'un avis contraire, il y a lieu d'en référer au conseil d'État, qui décidera souverainement. Dans le silence du décret sur ce point, nous pensons qu'il vaut mieux appliquer ici la règle posée par la loi de 1837, conforme à l'art. 910 du Code Napoléon.

Si le conseil général prend une délibération dans le sens d'un refus de la libéralité, nous pensons que le pouvoir central pourrait néanmoins autoriser le préfet à l'accepter.

---

(1) Il résulte, d'une circulaire ministérielle du 5 mai 1852, que le préfet ne doit pas accepter directement les libéralités avec *condition onéreuse* qui, avantageuses en apparence, créent des charges pour le département.

SECTION III.

Dons et legs faits à l'État.

La personnalité civile de l'État, sans aller la chercher plus loin, nous paraît ressortir des art. 713, 541 et 560 du Code Napoléon, qui supposent à l'État un domaine susceptible de s'accroître par des acquisitions de différentes sortes.

Le domaine privé de l'État, distinct du domaine public, est propriétaire, peut s'obliger, obliger les autres envers lui, et est soumis, comme les particuliers, à la prescription de droit commun; comme eux aussi il peut s'augmenter par des acquisitions à titre gratuit. Le domaine public, proprement dit, peut également s'enrichir de la même manière.

Nous pouvons donc compter au nombre des ressources extraordinaires de l'État les dons et legs.

En fait, il n'est pas rare de voir des dons faits, non pas nominativement à l'État, qui n'est qu'une abstraction, mais à des institutions publiques, comme à une bibliothèque de l'empire (1) ou à l'armée (2).

(1) L'acceptation des dons faits à une bibliothèque nationale rentre dans les attributions du ministre de l'instruction publique. (Avis du 8 juillet 1851.)

(2) On peut donner à l'armée sous bien des formes. C'est le ministre de la guerre qui accepte dans tous les cas au nom de l'État.

Ces dons sont faits en réalité à l'État, puisque les bibliothèques font partie de son domaine corporel, et que l'armée n'est qu'une branche des services publics.

Nous pourrions citer également, comme pouvant recevoir des dons ou des legs, des musées, des collections d'objets d'art ou de science, ou toute autre institution publique créée et entretenue par l'État.

L'État, pour les acquisitions qu'il peut faire à titre gratuit, doit remplir les mêmes formalités qu'un établissement d'utilité publique. C'est avec raison qu'on ne lui applique pas l'adage romain, consistant à dire que le peuple étant la source de tous les droits est au-dessus de toutes les incapacités.

Les formes sont en cette matière, comme en beaucoup d'autres, un peu longues à remplir, mais elles sont la garantie des droits des particuliers et de l'exécution de leurs volontés.

Une autorisation du gouvernement est nécessaire pour l'acceptation des dons et legs faits à l'État. Elle est donnée dans la forme d'un décret rendu, le Conseil d'État entendu.

L'acceptation des dons et legs faits à l'État, d'après la jurisprudence de l'administration des domaines, doit être faite par le préfet représentant les intérêts de l'État dans le département.

La conservation et la surveillance des propriétés de l'État étant confiée à l'administration des domaines, c'est le ministre des finances qui est chargé de veiller à l'exécution des dons et legs concernant le domaine.

Suivant les circonstances, le gouvernement agira sagement en refusant les dons faits à l'État, afin de ne pas absorber dans la caisse commune les éléments de la fortune privée.

D'un autre côté, il doit veiller à ne pas laisser entamer son domaine en acceptant des dispositions libérales en apparence, mais en réalité onéreuses, et faites à des conditions trop lourdes à remplir (1).

SECTION IV.

Établissements d'instruction publique. — Lycées, collèges, académies, facultés, etc.

L'université n'existe plus aujourd'hui comme corporation distincte et personne civile. Le décret impérial du 17 mars 1808, qui lui reconnaissait cette qualité en lui conférant la faculté d'acquérir à titre gratuit ou onéreux (2), a été abrogé par la loi du 7 août 1850, qui statue, art. 14, « que les « propriétés immobilières et les revenus fonciers

---

(1) Le conseil d'État a repoussé pour cette raison une donation importante faite à l'État, mais à des conditions jugées par lui *onéreuses* et *contraires* à l'*ordre public*. (Avis du comité de l'intérieur, du 8 avril 1851.)

(2) Art. 131 et 137 du décret de 1808. — C'est sous l'empire de ce décret que la donation faite par Mme de Beaumont à la Faculté de droit de Paris a été acceptée par le grand maître de l'université.

« qui appartenaient aux universités feront retour
« au domaine de l'État ; que la rente inscrite au
« nom de l'Université au grand-livre est annulée
« et sera rayée (1). »

Toutefois, les établissements d'instruction publique ont une personnalité civile en vertu de laquelle
ils ont continué à « pouvoir *acquérir* et *posséder*
« sous les conditions déterminées par les lois (2). »
Il faut en principe l'avis du conseil d'État et un
décret qui autorise l'acceptation, par le ministre
de l'instruction publique ou le chef de l'établissement, des libéralités faites à ces établissements (3).

Toutefois, dans la pratique, on appliquerait aux
établissements dont nous nous occupons le décret de décentralisation, en se contentant d'un
arrêté du ministre de l'Instruction publique pour
autoriser les dons et legs faits à ces établissements,
toutes les fois qu'il n'y aurait pas réclamation des
familles ou des charges onéreuses.

Quant à l'acceptation, elle serait faite par le ministre s'il s'agit d'un *lycée*, par l'autorité municipale
ou préfectorale si la libéralité était faite à un *collége* communal ou départemental. Les libéralités
faites à certains établissements légalement consti-
tués, comme le Muséum d'histoire naturelle de

---

(1) Un legs fait à *l'université* ne serait cependant pas nul. Il pourrait valoir comme disposition au profit de l'Etat et être applicable
aux établissements d'instruction publique qui sont à sa charge.

(2) Art. 15, loi du 7 août 1850.

(3) M. Laferrière, t. II, p. 895.

Paris (D. 30 septembre 1854) et l'Académie de mé-
decine, sont acceptées par ces établissements eux-
mêmes (legs Orfila, 27 août 1853). Il en est de
même des dons et legs faits aux différentes acadé-
mies : Académie française, des Beaux-Arts, etc.,
pour des prix à distribuer.

SECTION V.

Établissements de bienfaisance.

Les établissements de bienfaisance qui sont
aussi des établissements civils, méritent une place
à part.

Nous traiterons donc sous ce chapitre des plus
importants, de ceux auxquels les libéralités sont le
plus souvent adressées, à savoir les hospices et les
bureaux de bienfaisance; nous verrons aussi, ac-
cessoirement, quel est le sort des biens donnés ou
légués aux établissements de bienfaisance *non reconnus* légalement.

§ 1. *Hospices.* — Les textes à consulter sur ces
établissements au point de vue qui nous occupe,
sont : une loi du 16 vendémiaire an V, art. 5, qui
a créé les commissions administratives; un arrêté
du 4 pluviôse an XII qui permet à ces commissions d'accepter, sur la simple autorisation du
sous-préfet, les dons ou legs mobiliers faits aux

hôpitaux ; l'art. 910 du Code Napoléon ; l'ordonnance du 12 avril 1817, commune à tous les établissements d'utilité publique, et la loi du 7 août 1851 qui a modifié la législation sur les hospices en un point important.

Le décret du 25 mars 1852 ayant été rendu pour toutes les affaires ressortissant au ministère de l'intérieur et les hospices dépendant de ce ministère, il en résulte que les dons ou legs faits aux hospices sont autorisés par les préfets, sauf les cas réservés par le décret à l'examen du pouvoir central.

Ils sont acceptés dans les départements par les commissions administratives ; à Paris, par le directeur de l'assistance publique, sur l'avis du conseil de surveillance, en vertu d'une délibération du conseil général, d'après le régime organisé pour cette ville par la loi du 14 janvier 1809 (1).

La loi du 7 août 1851, sur les hospices et hôpitaux, contient une disposition remarquable dans son art. 11, qui n'est, au surplus, que l'application faite aux hospices des lois de 1837 et de 1838, en ce qui concerne les communes et les départements.

Art. 11. « Le président de la commission des « hospices et hôpitaux peut toujours, à *titre con-*

(1) Art. 1. L'administration générale de l'assistance publique à Paris comprend le service des secours à domicile et le service des hôpitaux et hospices civils.

« *servatoire*, accepter, en vertu de la délibération
« de la commission, les dons et legs faits aux éta-
« blissements charitables. Le *décret* du pouvoir
« exécutif ou l'*arrêté* du préfet qui interviendra,
« *aura effet du jour de cette acceptation*. »

Par cet article, nous croyons tranchée, dans le
sens de l'affirmative, la question de savoir si les
intérêts et fruits des legs faits aux hospices étaient
dus ou non à partir de la demande en délivrance
faite *avant l'autorisation* du gouvernement. La jurisprudence, en s'appuyant sur cet article, refusait
aux hospices, avant l'*autorisation d'accepter obtenue*, le droit de former une demande en délivrance qui pût faire courir les intérêts (1), et c'é-
tait avec raison; mais depuis la loi de 1851, nous
pensons qu'il doit en être autrement (2).

§ 2. *Bureaux de bienfaisance*. — Les bureaux
de bienfaisance destinés au service des secours à
domicile reconnus comme personnes civiles par
une loi du 7 frimaire an V, peuvent incontestablement recevoir des dons et legs.

L'art. 8 de cette même loi le dit formellement.
C'est le trésorier qui accepte les libéralités en vertu
d'une délibération des membres du bureau et du
conseil municipal, le préfet étant appelé à statuer
d'une manière définitive.

(1) Paris, 27 janvier 1851. — Cassation, 25 mars 1852.
(2) Nous avons traité plus haut cette même question en ce qui
concerne les communes.

Le décret du 25 mars 1852 s'applique, en effet, à ces établissements comme à tous les autres établissements charitables. Le préfet autorise donc l'acceptation toutes les fois qu'il n'y a pas réclamation des familles. Autrement, l'affaire doit passer par le ministère de l'intérieur et le conseil d'État, et l'autorisation doit être donnée par décret.

Les pauvres ne sont plus, comme dans l'ancien droit romain, considérés comme des personnes incertaines. Ils peuvent donc recevoir des libéralités. Seulement, quand un don leur est fait, c'est le bureau de bienfaisance du domicile du donateur qui est apte à l'accepter (1).

Lorsque la libéralité est faite aux pauvres d'une circonscription qui embrasse plusieurs communes, elle doit être acceptée par le préfet qui représente tous les établissements publics du département; par le ministre de l'intérieur, si elle comprend plusieurs départements (2).

Il y a un certain nombre d'établissements de bienfaisance, tels que ceux des pauvres aveugles, des sourds-muets et des aliénés, qui, ayant été assimilés aux hospices par une ordonnance du 2 février 1841, ont acquis une personnalité civile qui les rend capables de recevoir des libéralités.

(1) Décret du 31 mai 1807.
(2) Avis du conseil d'État du 15 janvier 1837.

Les Commissions établies près de ces établissements pour les surveiller et les administrer, donnent leur avis sur les dons et legs qui leur sont
faits, et le préfet peut en autoriser l'acceptation si
la famille ne réclame pas.

§ 3. *Établissements de bienfaisance non reconnus.* — A côté des établissements publics et d'utilité publique destinés au soin des malades et au
soutien des pauvres, il y a des établissements privés nombreux qui sont d'un grand secours à la
société, mais qui ne sont pas reconnus par l'État et
auxquels manque la condition essentielle pour
recevoir des libéralités, c'est-à-dire la personnalité
civile (1).

Peut-être ces établissements ont-ils sollicité du
gouvernement leur reconnaissance comme établissements d'utilité publique, mais ils ne peuvent obtenir cette consécration officielle qu'après avoir
justifié que des services longs et durables ont été
par eux rendus ; que deviendront alors les libéralités faites jusque-là à ces établissements ?

Le gouvernement n'a pas hésité à appliquer à
des associations charitables, mais ayant un caractère essentiellement religieux, le principe de droit
civil que pour pouvoir profiter d'un don ou d'un
legs il faut exister au moment de la donation ou à
l'époque du décès du testateur (art. 906).

---

(1) Parmi ces établissements, on peut citer les crèches, les salles
d'asile et les ouvroirs.

Or, quand le testateur a eu en vue le soulagement des pauvres, on a trouvé le moyen de valider
l'expression imparfaite de sa volonté en appliquant
un texte qui prescrit au maire d'accepter tous dons
ou legs faits pour le « soulagement ou l'instruction des pauvres de la commune (1). »

Le conseil d'État ne s'est donc plus arrêté à l'in-
dication faite par le testateur d'un établissement en
particulier et a validé au profit des pauvres d'une
commune ou d'une ville des dispositions nulles
aux yeux de la loi, comme étant faites à des personnes incertaines ou incapables (2).

Il avait d'abord exigé que l'établissement gratifié
et non reconnu légalement eût un caractère communal, pour que le maire fût autorisé à accepter
les libéralités, repoussant celles adressées à des
institutions toutes particulières et indépendantes
de l'action municipale (3), mais il paraît être revenu sur cette jurisprudence peu favorable au développement de la charité privée.

Pour connaître la véritable pensée de l'administration à l'égard des libéralités faites à des établissements non reconnus, il faut consulter un avis
assez longuement motivé de la section de l'intérieur
du 7 décembre 1858.

Il recommande de s'attacher au respect de la

(1) Art. 3, ordonnance du 9 avril 1817.
(2) Avis du 17 juillet 1849 (Société de charité maternelle de Rouen).
— Avis du 8 juin 1815 (dépôt de mendicité de Bordeaux).
(3) Avis du 12 janvier 1851 (ville de Montpellier).

volonté des testateurs et à l'intérêt des pauvres, en recherchant autant que possible l'interprétation la plus favorable à l'accomplissement des legs.

Du reste les décisions à donner en cette matière dépendent beaucoup des faits et circonstances, et la section de l'intérieur justifie par cette considération la contradiction apparente existant entre l'avis du 7 décembre et un avis émis précédemment par elle (1).

———◦◇◦———

CHAPITRE II.

ÉTABLISSEMENTS ECCLÉSIASTIQUES. — CONGRÉGATIONS RELIGIEUSES.

———

SECTION I.

Fabriques, évêchés, séminaires, chapitres, etc.

La fabrique est un établissement public dont les biens et revenus sont affectés à l'entretien du culte et des édifices religieux (2).

Supprimée en l'an II et reconstituée par la loi

(1) Il s'agissait d'un legs fait à une crèche du Iᵉʳ arrondissement de Paris, que l'administration prescrivit au maire d'accepter au nom des mères indigentes dudit arrondissement (Ecole des communes du mois de décembre 1850).

(2) Dictionnaire de l'administration, de Block, vᵒ Fabrique.

organique du 18 germinal an X, elle doit figurer au nombre des établissements d'utilité publique auxquels fait allusion l'art. 910 du Code Napoléon.

La fabrique a donc une personnalité morale qui lui permet de recevoir des dons et des legs comme tous les autres établissements publics ; aussi, le décret du 30 décembre 1809 compte-t-il au nombre de ses revenus « les rentes et fondations qu'elles « ont été ou pourront être autorisées à accepter » (art. 36).

La législation en vigueur aujourd'hui au point de vue spécial où nous nous plaçons, est l'ordonnance du 2 avril 1817, relative aux dons et legs faits aux établissements ecclésiastiques.

L'art. 1er de cette ordonnance porte que « les « dispositions entre-vifs ou par testament de biens « meubles et immeubles au profit des églises, ar- « chevéchés, etc., *des fabriques*, ne pourront être « acceptées qu'après avoir été autorisées par le « chef de l'État, le conseil d'État entendu, et *sur* « *l'avis préalable des préfets et évêques, suivant* « *les divers cas* (1). »

L'acceptation des libéralités doit être faite par les trésoriers des fabriques (art. 3 de l'ordonnance).

(1) Les préfets peuvent autoriser l'acceptation des dons et legs mobiliers inférieurs à 300 fr. — Quand il y a charge de services religieux attachés à la libéralité, l'approbation provisoire de l'évêque diocésain est une condition *sine quâ* non de l'autorisation (art. 2). Quand cette charge n'existe pas, l'avis de l'évêque n'a que la force d'une opinion qui n'empêcherait pas l'autorisation d'être donnée.

Le décret du 25 mars 1852 n'a eu aucune influence sur la législation relative aux établissements ecclésiastiques; par conséquent, il n'a modifié en rien l'ordonnance de 1817 en ce qui touche cette matière.

Ce que nous venons de dire des fabriques quant aux dons et legs qui peuvent leur être faits s'applique également à tous les établissements ecclésiastiques reconnus par la loi et dont l'ordonnance de 1817 donne une énumération assez complète.

Les art. 4 et 5 de l'ordonnance que nous avons étudiés plus haut en recherchant les mesures à prendre pour la conservation des libéralités faites aux établissements publics s'appliquent également aux établissements ecclésiastiques.

Il importe, quand on fait une libéralité à un établissement ecclésiastique, de ne pas se tromper sur la dénomination qu'on lui donne. Cela a surtout de l'intérêt quand l'acte contenant la disposition est un testament.

C'est ainsi que, si voulant faire un legs à un *évêché*, personne morale, reconnue par la loi (art. 1, ord.), on fait sa disposition au profit du *diocèse*, le legs serait nul (1). Tout au plus pourrait-il valoir, par une interprétation favorable, comme pouvant s'appliquer à un établissement diocésain reconnu par loi, tel qu'un séminaire, qui pourrait être autorisé à l'accepter.

(1) Avis du comité de législation du 21 décembre 1841.

Nous dirons la même chose d'un legs qui serait fait à la *paroisse* au lieu d'être fait à la *cure* (1).

A la faveur de la liberté des cultes et des idées de tolérance protectrices des religions dissidentes, on a voulu que les consistoires protestants, israélites ou autres, pusssent recevoir des libéralités comme les établissements ecclésiastiques, pour la dotation des pasteurs ou l'entretien des temples. (Art. 3 de l'ordonnance de 1817.)

Aucune loi n'ayant permis aux chefs ou directeurs des établissements ecclésiastiques en général, d'accepter à titre conservatoire les dons et legs qui sont faits à ces établissements; aucun texte par conséquent n'ayant pu donner à l'autorisation du gouvernement un effet rétroactif, il s'ensuit que les libéralités ne peuvent produire d'intérêts ou de fruits au profit desdits établissements qu'à compter de l'acceptation ou de la demande en délivrance faite une fois l'autorisation du gouvernement obtenue.

Nous ne revenons pas sur l'art. 7 de l'ordonnance, relatif à l'action en justice des tiers intéressés qui est ouverte contre les dispositions faites au profit de tous les établissements publics en général, par conséquent contre celles faites au profit des établissements ecclésiastiques et des congrégations religieuses.

(1) M. de Ségur, maître des requêtes au conseil d'Etat. *Quelques mots de la législation et de la jurisprudence en matière de donations et de legs charitables.*

SECTION II.

Congrégations religieuses.

Les congrégations religieuses sont des associations de personnes qui se consacrent entièrement
à Dieu et s'engagent à vivre en commun sous les
mêmes règles (1).

Supprimées par la loi du 18 août 1792 et par
l'art. 11 de la loi de germinal, elles se relevèrent
peu à peu. Un décret du 3 messidor an XII, tout en
les prohibant de nouveau, autorisa les congrégations des sœurs de charité et des sœurs hospita-
lières, à la charge de soumettre leurs statuts au
conseil d'État. Un décret du 18 février 1809 con-
firma et fortifia cette législation.

C'est aujourd'hui la loi du 2 janvier 1817 et
l'ordonnance du 2 avril 1817 rendue en exécution
de cette loi; l'ordonnance du 14 janvier 1831 et
particulièrement la loi du 24 mai 1825 qui règlent
les dispositions relatives aux dons et legs faits aux
congrégations religieuses.

Il s'agira surtout ici des congrégations de
femmes, par la raison qu'à part un certain nombre de congrégations d'hommes, vouées à l'enseignement et autorisées non par une loi, mais par

(1) Block, *Dictionnaire de l'administration*, v° *Congrégation religieuse.*

des décrets, la plupart ne le sont pas et ne peuvent, par conséquent, recevoir des libéralités (1).

Le point essentiel en cette matière est la distinction à établir entre les *congrégations autorisées* et les *congrégations non autorisées.*

§ 1. *Congrégations autorisées.* — Aujourd'hui, et depuis la loi du 2 janvier 1817, qui n'a donné la faculté d'acquérir et d'accepter des libéralités qu'aux *établissements* ecclésiastiques *reconnus par la loi*, un décret ne suffirait plus pour donner l'existence légale et partant la faculté d'acquérir à titre gratuit à des congrégations religieuses, sauf dans les cas exceptionnels prévus par le décret du 31 janvier 1852 sur les communautés de femmes (2).

La loi qui régit actuellement ces communautés est une loi du 24 mai 1825.

L'art. 4 de cette loi est ainsi conçu : « Les établissements dûment autorisés pourront, avec l'autorisation spéciale du chef de l'État, accepter les biens meubles et immeubles qui leur auraient été donnés ou par acte entre-vifs ou par acte de dernière volonté, *à titre particulier seulement.* »

On a trouvé qu'il pourrait y avoir des inconvénients pour une congrégation a être instituée à titre

(1) Parmi ces congrégations, celle des Frères des Écoles chrétiennes tiennent leur existence légale du décret de 1808, qui organisait l'université et qui avait un caractère *législatif.*

(2) La loi du 24 mai 1825, art. 2, fait cependant une distinction à cet égard.

universel; qu'ainsi des dettes pourraient se révéler
lorsque l'acceptation aurait déjà eu lieu, et créer
pour l'établissement des obligations onéreuses; que
la qualité de légataire universel entraînerait des
embarras et des occupations extérieures, qui ne
conviendraient pas au caractère d'un établissement
religieux (1).

L'art. 5 de la loi de 1825 contient plusieurs dispositions remarquables. D'abord, il défend aux
membres de la communauté de disposer par acte
entre-vifs ou par testament, soit au profit de la
communauté elle-même, soit au profit de l'un de
ses membres, de plus du quart de leurs biens (2).

Il lève ensuite cette prohibition quand le don ou
le legs n'excède pas 10,000 fr.

Les membres de la communauté pourraient donc,
d'après ce qui précède, disposer à titre particulier
de plus du quart de leur fortune, si la libéralité
ne dépasse pas 10,000 fr. Il résulte même des
termes de l'art. 5 qu'un membre qui aurait une
fortune de 10,000 fr. pourrait la donner tout
entière à la communauté ou à l'un de ses membres.

L'incapacité relative de disposer qui frappe les
personnes faisant partie des congrégations autorisées, cesse quand la légataire ou donataire est

(1) Troplong, *Donations et testaments*, sur l'art. 910, n° 602.

(2) Le legs universel fait à la communauté par un de ses membres
est nul pour le tout, sans qu'il puisse être réduit au quart des biens
du disposant. (Lyon, 23 mars 1843.)

héritière en ligne directe de la testatrice ou do-
natrice.

Cette disposition de la loi de 1825 offre une
certaine analogie avec la règle posée par l'art. 909
du Code Napoléon.

Le même art. 5 contient la disposition suivante :
« Le présent article (art. 5) ne recevra son exécu-
« tion pour les communautés déjà autorisées que
« six mois après la publication de la présente loi ;
« et pour celles qui seraient autorisées à l'avenir,
« six mois après l'autorisation accordée. »

Le véritable but que s'est proposé le législateur
de 1825, but qui résulte clairement de la discussion
de la loi à la Chambre des pairs, a été, en accordant
un délai de six mois avant l'application de la loi,
de permettre aux membres de la congrégation non
pas de se dépouiller de leurs propres biens au profit
de la communauté, mais de donner le temps aux
religieuses de rétrocéder à la communauté des biens
dont elles n'étaient propriétaires que fictivement et
pour le compte de la congrégation, qui, n'ayant
pas formé jusque-là un corps moral, n'avait pu
être propriétaire en titre. En effet, si la loi eût dû
s'appliquer immédiatement dans toute sa rigueur,
les biens placés ainsi sur la tête des membres, et ne
leur appartenant pas en réalité, seraient passés pour
les trois quarts à leurs héritiers, ce qui n'aurait
point été juste (1).

(1) *Rapport* de M. Mathieu de Montmorency à la Chambre des
pairs, sur la loi du 24 mai 1825 (collec. de Duvergier).

La loi de 1825, prévoyant le cas où la congrégation autorisée viendrait à s'éteindre et celui où
l'autorisation qui lui donne l'existence légale serait révoquée, décide que les biens par elle acquis
par donation entre-vifs ou par disposition à cause
de mort, font retour « aux donateurs ou à leurs parents au degré successible, ainsi qu'à ceux des testateurs au même degré (art. 7) (1). »

Quand il n'y a pas de retour possible aux donateurs ou à leurs parents, les biens sont répartis
moitié entre les établissements ecclésiastiques,
moitié entre les hospices des départements dans
lesquels sont situés les établissements qui ont cessé
d'exister.

Les biens ainsi attribués à ces divers établissements sont affectés des mêmes charges et obligations
imposées aux précédents possesseurs ; et dans le cas
spécial de révocation de l'autorisation, les biens
acquis à titre gratuit qui appartenaient à l'établissement, sont grevés en sous-ordre d'une pension
alimentaire au profit de ses anciens membres.

§ 2. *Congrégations non autorisées.* — Les congrégations qui ne sont pas autorisées par une loi
ou par un décret, sont *tolérées*, et n'ont qu'une
existence de fait, soumise aux conditions prescrites
par la loi à toute association de plus de vingt per-

(1) Cochin, dans une consultation donnée au roi en 1727, proposait
de donner les biens des communautés non pourvues de lettres-
patentes à d'autres communautés, *à moins que les familles de ceux qui
les avaient dotées ne fussent en droit de les réclamer.*

sonnes (art. 291, C. P.). L'agrément ainsi donné
par le gouvernement à la création de ces établissements ne leur confère pas la personnalité
civile.

Aussi est-il admis qu'une congrégation non autorisée n'a pas la capacité de recevoir des libéralités entre-vifs ou testamentaires.

Pour décider dans ce sens, on s'appuie princi-
palement sur cette considération : « Que les con-
« grégations religieuses formées sans autorisation
« ne sauraient trouver, dans l'irrégularité de leur
« position, le privilège d'acquérir librement; elles
« ne doivent pas être plus capables que les éta-
« blissements autorisés, et elles doivent, au con-
« traire, l'être moins (1). »

Entre autres arrêts qui ont statué en prenant ce
point de départ, nous pouvons citer un arrêt de
Paris (19 mars 1851), un arrêt d'Orléans (30 mai
1857), et un arrêt de cassation du 15 décembre
1856.

Si les congrégations non autorisées sont incapables d'acquérir par dons ou legs, les membres
de ces congrégations ayant toute capacité civile,
peuvent incontestablement, *ut singuli*, recevoir des
libéralités.

- C'est ce que la loi romaine reconnaissait de la

(1) Cette considération, présentée par M. Troplong dans son Commentaire sur l'art. 910, n'est que la reproduction d'une objection
présentée par M. Lanjuinais à la Chambre des pairs, lors de la discussion de la loi de 1825.

manière la plus formelle au sujet des membres de tous les corps non autorisés (1).

Or, quand une libéralité est ainsi faite à un membre d'une communauté non autorisée, la question se présente souvent, dans la pratique, de savoir si le membre gratifié est le donataire véritable, ou si, au contraire, il n'est pas un donataire apparent, ou une personne interposée dont on s'est servi pour faire parvenir la libéralité à la congrégation elle-même, incapable de recevoir directement.

Cette question doit être résolue de la manière suivante : ceux qui attaquent la libéralité comme faite à personne interposée, doivent faire la preuve de l'interposition. Si le fait de l'interposition est prouvé, les tribunaux annuleront la disposition comme devant parvenir en réalité à un incapable. Si cette preuve n'est pas faite, la disposition subsistera, le membre donataire devant être réputé, jusqu'à preuve contraire, le véritable bénéficiaire (2).

(1) L. XX, *De reb. dub.*, liv. xxiv, tit. 5, au Digeste.
(2) Arrêt de cassation du 26 avril 1842.

CHAPITRE III.

ÉTABLISSEMENTS D'UTILITÉ PUBLIQUE.

C'est au gouvernement qu'appartient le pouvoir de reconnaître certains établissements comme étant d'*utilité publique.*

Cette reconnaissance n'est concédée qu'après un examen approfondi des statuts que les établissements se proposent d'adopter, et des ressources pécuniaires qu'ils présentent. C'est le conseil d'État qui est chargé de cet examen (1).

En principe, toute liberté est laissée aux établissements d'utilité publique de s'administrer eux-mêmes, sauf le contrôle du gouvernement.

Toutefois, les établissements dont l'existence a été légalement consacrée par l'administration supérieure, ne sont pas complétement indépendants (2). Si, après avoir été reconnus comme établissements d'utilité publique, ils ont la capacité de recevoir à titre gratuit et d'acquérir à titre onéreux, cette capacité ne peut s'exercer qu'à cer-

---

(1) Décret du 30 janvier 1852, art. 13.

(2) La loi du 30 juin 1838 sur les établissements d'aliénés, dans ses art. 2 et 3, peut donner une idée de la nuance qui existe entre les établissements publics et les établissements privés, au point de vue de la surveillance ou de la direction qu'exerce sur eux l'autorité publique.

taines conditions ; ils ne peuvent en effet se sous-traire à la haute tutelle que le gouvernement, dans un intérêt général, doit exercer sur eux, comme sur les établissements publics.

Aux termes de l'art. 910 du Code Napoléon combiné avec l'art. 3 de l'ordonnance du 2 avril 1817, les dispositions entre-vifs ou par testament au profit des établissements d'utilité publique ne peuvent, en principe, être acceptées qu'après avoir été autorisées par l'empereur, le conseil d'État entendu, et sur l'avis préalable des préfets et évêques selon le caractère de l'établissement (1).

Les libéralités faites aux établissements d'utilité publique sont acceptées par leurs administrateurs ou directeurs (art. 3, ord.).

C'est ainsi que les caisses d'épargne et les caisses des instituteurs primaires, la caisse de retraite pour la vieillesse, la caisse de dotation de l'armée, etc., peuvent recevoir des dons ou des legs qui sont acceptés en leur nom par leurs représentants lé-gaux (2).

Les associations connues sous le nom de *sociétés de secours mutuels* peuvent également, quand elles ont été, sur leur demande, déclarées établisse-ments d'utilité publique, recevoir des donations

---

(1) Nous pensons toutefois que l'acceptation des libéralités faites à des établissements d'utilité publique, fondés par des communes ou des départements, pourrait être autorisée par les préfets dans les limites tracées par le décret de décentralisation.

(2) Loi du 5 juin 1835, art. 10. — Loi du 28 juin 1833, art. 15. — Ordonnance du 13 février 1838, art. 9.

et des legs, après y avoir été dûment autorisées (1).

C'est ainsi que le conseil de l'ordre des avocats,
à Paris, peut recevoir des dons ou legs (2), de même
que les chambres des notaires au nom de la com-
pagnie, et toutes autres institutions présentant un
caractère d'utilité publique consacré par le gouvernement.

Nous ne pouvons donner ici une énumération
des établissements d'utilité publique. Ils sont très-
nombreux.

En effet, un grand nombre de sociétés formées
pour la culture des arts et des sciences ou pour
l'encouragement à donner à l'agriculture ou à
l'horticulture, à l'industrie, etc., ne manquent pas,
arrivées à une certaine période de leur existence,
de demander leur reconnaissance en établissements
d'utilité publique. C'est un moyen d'augmenter
leurs ressources et d'encourager leurs membres
par les libéralités que les sociétaires ou le public
pourra leur faire.

Nous n'avons pas à signaler ici les différences
qui existent entre les établissements publics et les
établissements d'utilité publique.

On peut dire d'une manière générale que les
établissements publics proprement dits, créés par
le gouvernement ou autorisés par une loi, vien-

(1) Loi du 15-20 juillet 1850, art. 1 et 7.

(2) Le conseil de l'ordre a accepté ainsi un legs de 20,000 fr. par
décret du 29 juin 1813.

nent directement en aide à l'État par leurs ressources et l'emploi qu'ils en font. Ce sont pour lui
de puissants auxiliaires.

Les établissements d'utilité publique, créés par
les particuliers et tenant d'un simple décret la légalité de leur existence, ne sont pas, comme les
établissements publics, des rouages essentiels dans
les services publics; mais ce sont du moins des
auxiliaires utiles pour l'État, en tant que par leurs
vues et leurs entreprises d'amélioration matérielle
ou morale, ils peuvent contribuer au progrès du
pays.

APPENDICE.

DROITS D'ENREGISTREMENT.

Avant 1831, les droits d'enregistrement perçus sur les dons et les legs faits aux établissements publics étaient peu considérables, à raison de la faveur dont ces établissements étaient entourés.

Ils avaient le caractère de droits fixes et étaient modérés, surtout pour les donations faites aux pauvres et aux hospices (loi du 7 pluviôse an x et loi du 15 brumaire an xii).

Une loi de 1824 les éleva en leur conservant le caractère de droits fixes.

La loi du 18 avril 1831 a soumis les biens acquis par les hospices et autres établissements publics, au payement des mêmes droits qui frappent les biens transmis par donations à des personnes non parentes, c'est-à-dire aux droits de mutation les plus élevés.

Une loi du 20 février 1849 frappa d'un nouvel impôt connu sous le nom de *taxe des biens de main-morte*, les biens immeubles passibles de la contribution foncière appartenant aux établissements publics, taxe annuelle, représentative

des droits de transmission entre-vifs et par décès (1).

Cette taxe nouvelle est établie, dit l'exposé des
motifs de la loi, « dans un esprit d'égalité et de
« justice, afin que les gens de main-morte suppor-
tent un impôt équivalant à celui qui frappe les
« particuliers, et pour que leurs propriétés placées
« hors du commerce et improductives pour l'im-
« pôt des mutations n'en soient plus affranchies à
« raison de leur qualité de *possesseurs qui aliè-*
« *nent rarement et ne meurent jamais.* »

Nous n'avons pas à examiner ici les nombreuses
difficultés qu'a soulevées dans l'application la loi
de 1849.

Mentionnons seulement, pour compléter ce court
exposé, une loi du 18 mai 1850, qui assujettit au
droit de donation les dons manuels déclarés par
les parties ou reconnus judiciairement, qui soumet les mutations de rentes aux droits ordinaires
établis pour les successions et les donations et
frappe les transmissions de meubles à titre gratuit,
des mêmes droits que la transmission des immeubles.

(1) Elle est calculée à raison de 62 c. et demi pour cent du principal de la contribution foncière (art. 1 de la loi).

POSITIONS.

I. La société n'est pas en général une personne juridique.

II. Il résulte des lois XV, § 1, *De dolo malo*, et IV, *De vi*, au Digeste, que les *corpora* peuvent être obligés en vertu des délits commis par leurs membres, non au point de vue de la peine proprement dite, mais au point de vue de l'indemnité et jusqu'à concurrence de ce dont ils ont profité.

Cette distinction n'est pas contredite par la loi IX, § 1, au Dig., *Quod met. causa.*

III. Il résulte des termes généraux de la loi III, § 4, *De bon. possess.*, que tous les *corpora* sans exception avaient le droit de demander par l'intermédiaire de leur *actor*, la *bonorum possessio*. (*Nec obst.* Ulp., reg. tit. XXII, § 5, et l. unic. D. *De lib. univers.*)

IV. Le concessionnaire du *prædium vectigale* n'a pas la *possessio rei*, ni par suite les interdits directs, mais la *quasi possessio juris*, et par suite les interdits utiles.

V. Lorsque le vendeur de la chose d'autrui devenait l'héritier du véritable propriétaire, tous les jurisconsultes étaient d'accord pour décider que la revendication par lui exercée pouvait être repoussée par l'*exceptio rei venditæ et traditæ ;* mais on était loin de s'entendre dans le cas inverse, c'est-à-dire lorsque le véritable propriétaire deve·nait l'héritier du vendeur.

On trouve à cet égard des textes contradictoires, soit dans les Pandectes, soit dans le Code.

VI. L'hérédité jacente n'est pas une personne morale.

VII. L'action par laquelle celui qui a perdu la propriété d'une chose par l'usucapion accom-plie au profit d'un tiers, peut revendiquer comme si l'usucapion n'avait pas eu lieu, était une reven-dication utile qui se donnait *rescissa usucapione*, mais qui, dans le droit romain, n'a jamais porté le nom de publicienne rescisoire. (*Nec obst.*, l. XXXV, Dig. *De oblig. et act.*)

VIII. Lorsque le pupille, âgé de plus de sept ans, se trouve présent, le tuteur a le choix, ou de l'autoriser à plaider, ou de plaider lui-même. (*Nec obst.*, l. I, § 2, *De admin. et peric. tut.*)

DROIT FRANÇAIS.

DROIT CIVIL.

I. Lorsque l'un des époux a excédé au profit de l'autre la quotité disponible déterminée par les art. 1094 et 1098 par une donation indirecte, cette donation est simplement réductible. S'il s'agissait d'une donation déguisée, elle serait complétement nulle.

II. Lorsque le donataire actionné en révocation pour cause d'ingratitude, vient à mourir *inter moras litis*, l'action ne continue pas contre ses héritiers.

III. L'art. 901 contient, relativement à la capacité de disposer par donation entre-vifs ou par testament, une disposition indépendante des art. 503 et 504, et de l'art. 502 en ce qui touche les testaments.

IV. Le légataire à titre universel qui fait la demande en délivrance de son legs dans l'année du décès, n'a droit aux fruits et intérêts qu'à compter du jour de sa demande.

V. Le maire, ayant le droit d'accepter provisoirement, en vertu d'une délibération du conseil municipal, le legs fait à la commune, peut en demander la délivrance avant que le gouvernement en ait préalablement autorisé l'acceptation, et cette demande fait courir les intérêts de la chose léguée du jour où elle est faite.

14

VI. L'avis du conseil d'État des 3 et 8 novembre 1809 attribue aux hospices les effets mobiliers apportés par le malade décédé qui a été traité gratuitement, à l'exclusion de tous les héritiers, sans exception.

VII. Les effets mobiliers dont il s'agit dans l'avis précité, ne doivent s'entendre que des meubles corporels, tels que linges, hardes, vêtements à l'usage quotidien des malades.

VIII. L'enfant naturel rapporte les donations entre-vifs qu'il a reçues de son père et de sa mère, tantôt en nature, tantôt en moins prenant, suivant les règles ordinaires du rapport.

DROIT ADMINISTRATIF.

I. Le lit des rivières qui ne sont ni navigables ni flottables appartient aux riverains.

II. A la différence des chemins vicinaux, les chemins ruraux peuvent se prescrire.

DROIT PÉNAL.

I. Les circonstances qui influent sur la qualification légale du fait à punir étendent leur effet au complice, bien qu'elles dérivent de qualités personnelles à l'auteur principal.

II. Le ministère public, pour faire appliquer au parjure la peine de la dégradation civique, peut prouver le parjure par témoins, lors même qu'il s'agirait d'un intérêt supérieur à cent cinquante francs.

HISTOIRE DU DROIT.

I. La nécessité de l'autorisation royale pour l'aliénation d'un bien au profit de l'Église a son origine dans le droit d'amortissement.

II. Il fallait en principe l'autorisation de tous les seigneurs composant l'échelle féodale pour pouvoir aliéner un bien au profit de l'Église.

DROIT DES GENS.

I. En principe et sauf des distinctions à établir, la guerre ne fait que suspendre l'application des traités.

II. La notification collective d'un blocus aux puissances neutres peut être suffisante pour rendre légitime la capture d'un navire qui viole l'entrée du port bloqué.

Vu par le président de la thèse,
G. COLMET-DAAGE.

Vu par le doyen de la Faculté,
C.-A. PELLAT.

Permis d'imprimer :
Le vice-recteur de l'Académie de Paris,
ARTAUD.

TABLE DES MATIÈRES.

DROIT ROMAIN.

Pages.

Préliminaires. 1

PREMIÈRE PARTIE.

Chapitre I. — Énumération et classification des personnes
    juridiques. 5
Chap. II. — Leur constitution. 28

SECONDE PARTIE.

Droits dont les personnes juridiques sont capables.

Chap. I. — Droit de propriété et ses démembrements. . . 35
Chap. II. -- Capacité des corporations quant à la possession. 47
Chap. III. — Capacité en matière d'obligations. 51
Chap. IV. — Capacité des *universitates* en matière d'héré-
    dité. — Donations entre-vifs. 61
Chap. V. — Droits privilégiés des corporations et de la per-
    sonne juridique du fisc. 70

TROISIÈME PARTIE.

Comment fonctionnent les corporations.

Pages.

Chap. I. — Statuts des corporations. Conditions pour en faire partie. Délibérations. 77

Chap. II. — Capacité des corporations pour figurer en justice. Représentation. 83

Chap. III. — Dissolution des colléges et corporations. 90

——◆——

DROIT FRANÇAIS.

Introduction. 97

PREMIÈRE PARTIE.

Notions historiques et législation moderne.

Chap. I. — Ancien droit. 103

Chap. II. — Droit intermédiaire. 111

Chap. III. — Législation du Code Napoléon. 113

DEUXIÈME PARTIE.

Règles générales relatives à l'acceptation et à l'autorisation d'accepter les libéralités faites aux établissements publics.

Chap. I. — Autorisation administrative appelée à autoriser. Mesures de publicité. 122

Chap. II. — Autorisation d'accepter. Refus d'autorisation. Réduction. 127

Pages.

Chap. III. — Mesures conservatoires des biens donnés ou légués aux établissements publics. 141

Chap. IV. — Responsabilité des administrateurs de ces établissements. 148

Chap. V. — Caractère des décisions prises par l'administration supérieure. 151

Chap. VI. — Action en justice des tiers intéressés. 157

TROISIÈME PARTIE.

Règles spéciales aux divers établissements publics.

Chap. I. — Établissements civils. 161

    Section I. — Communes. 165

    Section II. — Départements. 175

    Section III. — État. 179

    Section IV. — Établissements d'instruction publique. . 181

    Section V. — Établissements de bienfaisance.. 183

Chap. II. — Établissements ecclésiastiques. 189

Chap. III. — Établissements d'utilité publique. 200

Appendice. — Droits d'enregistrement des dons ou legs faits aux établissements publics. 205

Positions. 207

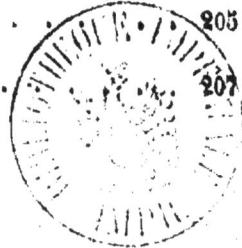

www.ingramcontent.com/pod-product-compliance
Lightning Source LLC
Chambersburg PA
CBHW060024100426
42740CB00010B/1585